Hans Bartosch

Der Baron, mein Großvater und ich

Hans Bartosch

Der Baron, mein Großvater und ich

Biografische Meditationen

 INFO3 VERLAG

Dieses Buch erscheint mit freundlicher Unterstützung
von Susanne und Jürgen Wolff.

Hans Bartosch
Der Baron, mein Großvater und ich

ISBN 978-3-95779-195-5

Erste Auflage 2023

© Info3 Verlagsgesellschaft Brüll & Heisterkamp KG,
Frankfurt am Main

Lektorat: Dr. Jens Heisterkamp, Frankfurt am Main
Korrektorat und Satz: Ulrich Schmid, de·te·pe, Aalen
Covercollage: Frank Schubert, Frankfurt am Main, unter
Verwendung einer Aufnahme von Alamy (Hochofen in Duisburg
Marxloh) sowie einem Familienfoto mit dem Bruder des Autors,
später den „Baron" genannt und dem Autor (rechts).
Druck: CPI books, Leck und Ulm

Inhalt

Zum Geleit

„Baron", das ist ein alter Adelstitel. Wer sich Baron nennen durfte, dem begegnete man mit Achtung und Respekt. Denn ein Baron stellt etwas dar, insbesondere vorzeiten in einer Stände-, einer Klassengesellschaft. Unsere Gesellschaft, die eine inklusive sein möchte, kennt Stände oder Klassen nach wie vor, auch wenn man das nicht mehr offen so benennt. Denn die Qualifizierung „behindert", die sehr lange vor allem eine medizinisch geprägte war, wirkt sich nach wie vor insbesondere sozial in erheblichem Maße aus. Und da darf es durchaus erst einmal auffallen, positiv stutzig machen und ins Nachdenken bringen, wenn ein Mensch mit Behinderung diesen alten Titel trägt – weil er ihn sich erworben hat durch Würde, Noblesse, Feinheit – schlicht: durch ein überzeugend gelebtes Menschsein.

Hans Bartosch schreibt in seinem hier vorgelegten autobiographischen Bericht u.a. über seinen jüngeren Bruder Rolf, den „Baron". Neben der Achtung atmet sein Buch vor allem große Liebe und Zuneigung für den Menschen seiner Familie, der ihn in ganz besonderer Weise geprägt hat. Mit Genauigkeit, einem immensen Erinnerungsvermögen, unprätentiös, ehrlich und mit großer Sprachkraft schildert Hans Bartosch Bedeutsames aus seinem Leben, das insbesondere in den ersten Jahren für ihn und seine Eltern infolge der Behinderung des Bruders eine Herausforderung darstellte. – Wie gut, dass man heute schlicht mehr weiß als noch vor 60 Jahren: darüber, was Kinder überhaupt brauchen; darüber, was eine Einschränkung, ein Handicap, ein Assistenzbedarf insgesamt bedeutet; darüber, welche Formen der Teilhabe angemessen sind und angestrebt werden wollen, damit ein Leben in Würde besser gelingt.

Rolf Bartosch, der „Baron", lebt seit mehr als 50 Jahren nun in Scheuern. Ich freue mich, dass in diesem Buch von Gelingen erzählt wird – auch in solch einer Einrichtung, die man früher Anstalt oder Heim nannte. Selten doch sind die Dinge nur schwarz oder weiß. Und, ob in Vergangenheit oder Gegenwart: Es sind immer Menschen mit Herzenskraft, die Gutes auszubilden, vorzuleben und damit weiterzuschenken vermögen.

„Nichts über uns ohne uns" ist ein Slogan aus der sogenannten Behindertenbewegung. Pfarrer Hans Bartosch verleiht diesem Motto in seinem Buch in liebenswürdiger Art ein Gesicht, eine Stimme, dem ich viele Leserinnen und Leser wünsche, die sich davon im Herzen berühren lassen mögen.

Gerd Biesgen, Theologischer Vorstand
der Stiftung Scheuern

1 Hirsche und Kartoffeldruck

Als der kleine schielende Junge zum Himmel blickte, zeigten sich dort häufig gelbe Dunstfahnen. Sie wurden dreimal täglich dunkelrötlich angeschliert durch die nahen und rauschenden Hochofen-Abstiche.

Der „andere Himmel" fand sich buchstäblich in der Muttermilch und im doppeltür-gepolsterten Amtszimmer des Vaters. Dort, im Duisburger Norden, in den Sechziger und Siebziger Jahren, wurde ich in einem Pfarrhaus groß. Ich wurde hineingeboren in die Zeiten des „Wirtschaftswunders" in Westdeutschland, in dessen vormalige, aber schon schwächelnde Kraftzentrale des Ruhrgebiets.

Dem kleinen schielenden Jungen wurde mit knapp zwei Jahren ein formidables Gestell von Brille ins Gesicht platziert. Und er hatte sich in die damals zeitüblichen Lederhosen zu kleiden. Ein Latz prangte vor der Brust, auf welchem ein plastikreproduzierter Hirsch kaute und in die Welt blickte. Schwarze lederne Bänder trugen diesen Latz, der mit augengroßen Knöpfen an der Hosennaht befestigt wurde.

Wie es hieß, hat der kleine Junge gern „gequasselt". Dieser Ausdruck beschreibt auf niederrheinisch einen kindlichen oder auch erwachsenen Redefluss. Unbenom-

men, ob jemand zuhörte oder nicht. Vielleicht auch in
der Gewissheit, dass immer jemand zuhörte, auch über
Menschen hinaus.

Bücher und Karten fanden sich noch vor der Einschulung im Kinderzimmer. Eine Sammlung von Falk-Plänen
mehrerer deutscher Großstädte wurde stundenlang inha-
liert. Mit Filzstiften wurden reichlich neue Straßenbahn-
linien aufgemalt oder auch, dem Beruf des Vaters abge-
schaut, die Gemeindegrenzen hin und her verschoben.

Ungewöhnlich hoch war die Intelligenz des Vaters,
der vor der Theologie Chemie studiert hatte. Dies hieß
ihn, alle naturwissenschaftlichen akademischen Lehr-
bücher direkt unterhalb der Evangelien-Kommentare
sorgfältig zu verwahren im raumhohen, von einem entfernten mütterlichen Verwandten eigenhändig geschrei-
nerten Regal.

Im Arbeitszimmer standen an sämtlichen Wänden
jene raumhohen Regale; beim näheren Herantreten
konnte man Fichte atmen. In den Regalen herrschte
systematische Ordnung; viele Zettel aus klein geschnitte-
nem Papier staken aus den Büchern oben heraus. Auf
dem großväterlich geerbten Schreibtisch unter den beiden hochgelegenen Fenstern lag alles fein auf Stapeln,
damit das Denken und Schreiben freien Raum hatte.

In der linken, mit einem beweglichen Messinggriff
versehenen Schublade jenes amts-großen, oben von einer
tiefdunkelgrünen Linoleum-Platte bedeckten Schreib-
tisches wohnten die Dienst-Siegel, der qualitätsvolle Füll-
federhalter im Etui und ein mit regelmäßig zu erneuern-
dem Löschpapier bespanntes, steinernes Abrollgerät.
Dem kleinen Kinde wurde eingeschärft, dass sich in dieser Schublade gleichsam das Allerheiligste befände.

Die Lektüren der ihn umgebenden Bücher der Naturwissenschaft, Geschichtswissenschaft und akademischen
Theologie ließen meinen Vater zu einem skeptischen
Menschen werden. An den Bruchlinien seines fulminan-
ten Wissens allerdings tauchten immer wieder, fast über-
raschend und ein wenig wie Handpuppen, Gott und Jesus
mit Nachdruck hoch. So hing ein hässliches, billiges
Kruzifix rechts vom väterlichen Schreibtisch. Der sehr
ungelenke Jesus sah gequält aus.

Die Mutter wiederum war Kind des herben niederrheinischen reformierten Pietismus. „Sachlichkeit" galt
als höchster Gottesdienst. Mithin stand das Wort „emo-
tional" unter keinem guten Stern. Sämtliche familiären
und gesellschaftlichen Konflikte hatten, wie von beiden
Eltern oft betont, unter dem Patronat der „Sachlichkeit"
angegangen zu werden.

In der kindlichen Seele stand die Küche als zentraler
mütterlicher Raum. Dies erweiterte sich nachdrücklich
durch den mütterlichen Schreibtisch, welcher sich im
Wohnzimmer befand. Der helle Schreibtisch war mit
einem Kredit erworben. Gemeinsam mit qualitätsvoll
buchenfurnierten Regalen, einem leicht geschwungenen
Ausziehtisch und vier hohen lichten Stühlen bestimmte
er das Wohnzimmer. Auch die Teakholz-Sofagruppe mit
niedrigem Tisch durfte nicht fehlen.

Die an ihrem eigenen Schreibtisch sitzende Mutter
gehörte in die Mitte des kindlichen Bildes. Hier, an
diesem Schreibtisch, erledigte sie die gemeindlichen
Planungsaufgaben, verwahrte Bastelsachen und Kinder-
bücher. Die nebenstehenden Regale umgaben sie mit
ihrer Bibliothek aus Gegenwartsliteratur und Gegenwartskunst.

Sie saß dabei auf einem Worpsweder Stuhl aus der Fertigung von Heinrich Vogler. Der weit ausladende Stuhl besaß eine helle, strohgeflochtene Sitzfläche und beeindruckte den kleinen Jungen durch den Vogel, der oben auf dem oberen Schildstück der Lehne eingraviert war.

Eines Tages kletterte der kleine schielende Junge über die stets heruntergelassene Schreibplatte ins Herz des Möbels. Er unterschätzte die Statik und fiel unter Donnern und mit vielen blauen Flecken unter Berge von Papieren, Scheren, Tesa-Filmen und Bücher.

Durchaus mit Hingabe und vor allem Fleiß widmeten sich beide Eltern der ihnen übertragenen und mit preußischem Beamten-Ethos hochgejazzten Pflichtenliste von Pfarrer und Pfarrfrau. Sie waren als Studierte in andere als die gewohnten Welten gekommen, als sie 1961 ins Ruhrgebiet zogen.

Für Jesus und für das Ethos des preußischen Beamten erfüllten sie die ihnen per Gemeindewahl übertragene Aufgabe mit Selbstverständlichkeit und durchaus mit einem hageren Stolz.

Hier also wurde der kleine schielende Junge groß.

Nun gesellte sich nach drei Jahren Bruder Rolf in dieses evangelische Pfarrhaus – und mischte es entschieden auf. Fünf akzelerierende und eskalierende Jahre lang testete er alle Grenzen aus. Dann fiel die letztlich weise Entscheidung, dass er an anderem Ort weiterleben sollte, eine Entscheidung, die er bis heute mit Klarheit und Würde ausfüllt.

Seine geistige Behinderung war natürlicherweise zunächst gar nicht bemerkt, dann abgetan worden, längere Zeit mit statistisch möglichen Entwicklungsverzögerungen erklärt. Schließlich aber lag auf der Hand, dass ein dreijähriger Junge, der tage- und nächtelang durchschrie, sein anfängliches erstes Sprechen wieder abgelegt hatte, für keinerlei sogenannte pädagogische Spielangebote offen war, sozialrechtlich wie medizinisch mit dem Wort „geistig behindert" zu betrachten war.

Rolf schlug sich regelmäßig wund und hopste sich auf den Trümmern seines demolierten Bettes in den erschöpften Schlaf. Tatsächlich sah er bereits als kleines Kind aus wie Van Gogh. Das eine Ohr war platt. Über Stunden schlug er sich auf beide Ohren, wovon das eine entweder empfindlicher reagierte oder aber kräftiger getroffen wurde.

Oder aber Rolf schlug seinen Kopf an die Wand, noch mal und noch mal und noch mal. Auch wenn die Wand letztlich stärker blieb, zeigte er eine unbändige Disziplin darin, noch mal und noch mal und noch mal. Wurde er weggezogen, nahm er die andere Wand.

Zunächst aber saß er einfach da und war der kleine Bruder, süß und überaus mit Küssen zu überziehen, ob er es mochte oder eher nicht mochte.

Etwas später wurde er krank. Er kam in mehrere Krankenhäuser. Masern wurden diagnostiziert, und eine Gehirnhaut-Entzündung.

Manchmal musste er nachts in ein Krankenhaus; dann traten die Eltern durchs Treppenhaus, aufgebracht und rotgesichtig. Sie herrschten mich ins Bett zurück und beorderten geschwind eine Nachbarin, mich für die nächsten Stunden zu betreuen.

Rolf nannte mich, als er gut ein Jahr alt war: „S", mit weichem S. Später hatte er dann keine Worte mehr für mich; auch diejenigen für meine Eltern entfielen ihm. Dafür wurde die Unruhe immer stärker, die Schläge, das

An-die-Wand-Schlagen, das Rufen. Auch klopfte er sich gerne auf die Schenkel, auf seine Lederhose, die auch bei ihm mit einem Hirsch-Imitat verziert war.

Er sah kurioserweise längst nicht immer unglücklich aus. Manche seiner Schreie klangen fast wie Glücksschreie. Nicht wie wildes Kriegsgeschrei, sondern wie eine wilde Bejahung. Manchmal schaute er mich an, öfter schaute er einfach in die Ferne oder auf den Boden. Oder auf dasjenige, was zwischen Daumen und Zeigefinger zu suchen und zu untersuchen war. Mit selten gesehener Genauigkeit und Hartnäckigkeit konnte er über Stunden dort Reibung erzeugen, völlig unabhängig von den entstehenden Hornhäuten und Wunden. Bei diesen Blicken in die zwischenfingernden vibrierenden Räume zog er die Augenbrauen so hoch als möglich. Er fokussierte und fixierte und wechselte von einer schreienden Untermalung seiner Forschung in eine fast meditative Haltung, der es durchaus gegeben sein konnte, die Menschen neben ihm nach geraumer Zeit tiefer atmen zu lassen.

Er aß gerne, aber nicht immer das, was meine Eltern ihm geben wollten. Teller flogen vom Tisch, mit einer einzigen und erstaunlich zielgenauen Wischung.

Schon als ganz kleiner Junge konnte er seinen Mund mit seinem Ellenbogen verrammeln.

Rolf fiel auf, fiel auf der Straße auf. Er war laut. Und lief deutlich schief, wiewohl schnell. Vermutlich hat er schon als kleines Kind epileptische Anfälle gehabt, die seinen Gleichgewichtssinn störten. Gegen diese Störung wehrte er sich mit aller Kinderkraft.

Rolf war ein ausgesprochen hübscher Junge, kein Schieler wie ich. Die blonden Locken hatte er vom Vater und von dessen Vater. Sie wuchsen bei allen in einer als

„afrikanisch" benannten Wildheit und haben in der NS-Zeit zu den obligaten Nachfragen und umso deutlicheren Richtigstellungs-Mühen geführt.

Nachmittags saß ich regelmäßig mit Rolf im Garten an einem Tisch, auf Kinderstühlen. Wir hatten unsere Lätzchen an, bekamen roten Tee aus einer gelben, dickwandigen Porzellankanne und Kekse aus einer Blechdose mit roten Blumen und gelbem Verschluss. Es waren die ganz einfachen Butterkekse. Und es gab in der Kanne einen Beutel Hagebutten-Tee, der für mindestens einen Liter zu reichen hatte.

Im an den Rändern mit Gesträuch bepflanzten, mittelgroßen Garten waren die Geräusche der nahe vorbeifahrenden Straßenbahn zu hören, die spezifischen Duisburger Himmelsschlieren zu sehen und regelmäßig Schwefel zu riechen. Hier tollte ich mit Rolf im Gartengeviert.

Manchmal hatte er sein großes Hemd mit der Eisenbahn übergezogen. Eine schwarze Lok mit Dampfwolken zog einen roten, einen blauen und einen grünen Wagen über Rolfs Bauch. So konnten wir Zugfahren spielen. Was hieß, dass ich Rolf vor mir her schubste und die Namen mir bekannter Bahnstationen laut im Garten verteilte.

In dem kleinen Sandkasten baute ich Burgen, die Rolf nicht als solche anerkennen konnte. Schaufeln waren ihm aber lieb, weil er damit auf alles klopfen konnte, auf das geklopft werden konnte, sei es Sand, sei es der Sandkasten-Rand, sei es sein Kopf.

Rolf hatte sein Zimmer meinem gegenüber. Seine Matratze lag auf dem Boden, gleich bei der Tür. Das Bettgestell hatte er durch sein Hopsen zertrümmert. Ein weißlackierter metallener Bettrahmen umfasste nur noch seine Matratze. Die Tapeten in Matratzennähe waren weitflächig von Rolf abgerissen worden. Das Fenster wurde von einer Sperrholzplatte verrammelt. In diese hatte der Vater zwei kleine Gucklöcher gesägt in den Garten hinunter, eines auf Kinderaugenhöhe, ein anderes auf Erwachsenenaugenhöhe.

Rolf war immer sehr da. Dies zeigte sich etwa an einem der Weihnachtsfeste. Als wir beide ins geschmückte Wohnzimmer mit dem Baum feierlich hineingeführt wurden, fing Rolf gellend an zu schreien. Der Baum, er bedrohte ihn über alle Maßen.

Rolf konnte über Stunden der Bescherung und des Singens nicht anders, als unablässig zu schreien und zu weinen. So blieb nichts anderes übrig, als den Baum noch am selben Abend verschwinden zu lassen.

Umso wichtiger wurde mir dadurch eine schlichte Krippe, welche aus einem rauen, strohgedeckten Verschlag bestand, weiden-astig an den Rändern verstärkt. Hier hinzu kamen die in Bethel bestellten Krippenfiguren, Tag auf Tag eine weitere, während der ganzen langen Adventszeit. Sie näherten sich der auf einem kleinen Campingtisch stehenden Krippe in mühevollen Etappen, am langen Blumenfenster des Wohnzimmers entlang.

Die Einläutung der Adventszeit bedeutete eine Figur, die einen kleinen Jungen darstellte. Auf dessen Schulter ruhte sich – je nach Wahrnehmung – die Mutter aus, oder aber: Der kleine Junge wurde von der Mutter gehalten.

Die Betheler Figuren gewannen das Kinderherz durch ihre Schlichtheit und ihre fast bauhausfarbliche Ausstrahlung. Jesus war nicht so wichtig, nicht einmal Maria. Ich feierte das Erscheinen der Figuren, vor allem aber

Rolf. Noch stärker feierte ich die Ankunft des von einem Beduinen geführten Königskamels, um schließlich den vollkommenen weihnachtlichen Höhepunkt zu erleben in der Ankunft des Königs-Elefanten.

Rolf musste durchaus auch von der Krippe und deren Figuren ferngehalten werden. Wie auch sonst hingen Absperrbänder quer durch die Wohnung. Stühle standen als Barrieren und machten die Räume eng. Immerhin boten diese Absperrbänder und Stuhl-Barrieren dem kleinen, schielenden Jungen gute Gelegenheiten für sein eigenes Spiel. Dieses geschah häufig mit vier Handpuppen, welche die vier Familienmitglieder darstellten.

Gerne saßen diese Puppen auf Holzautos; gerne auch wurde die Holzeisenbahn aufgebaut und auf jener die Puppen in ihren Autos auf endlose, abenteuerliche Reisen geschickt.

Neben dem Spielen rückte die Hausarbeit manchmal in den Vordergrund. Wichtig waren dem kleinen schielenden Jungen die Stunden in der Küche, als die Mutter abwusch und er das Abtrocknen zu lernen hatte. Wie es hieß, fuhr sein Quasseln hier zur Hochform auf, so dass er immer wieder zum ordentlichen, sachgerechten Trocknen der Löffel und der Teller ermahnt werden musste.

Meine Eltern waren damals Mittdreißiger. Und hatten fast keine Nacht zum Schlafen. Sie waren froh, wenn ich im Kindergarten war. Rolf dagegen war rund um die Uhr bei ihnen. Einmal versuchten sie es im neu eröffneten sonderpädagogischen Kindergarten mit ihm. Aber bereits nach zwei Stunden bedeutete man meiner Mutter, dass dieser Junge nichts tauge für einen Kindergarten.

Manchmal ging der Vater, wenn er abends noch mal „eine Runde um den Block" gehen musste, lieber mit Rolf als mit mir. Weil Rolf zwar laut war, aber nicht wie ich ununterbrochen quasselte.

Und wohl auch, weil die beiden sich sehr nahestanden, so nahe gar, dass – über das ganze Leben gesehen – mein Vater nur mit Schwere und Schmerz in der Lage war, Rolf anzusehen.

So weh tat ihm alles.

So ungerecht fand er alles.

So unausweichlich erschien ihm, als notvoller Ersatz seiner Vaterliebe, der bis zu seinem Tod währende Aufbau eines komplexen Büros zur Verwaltung wirklich aller nur denkbaren Angelegenheiten seines Sohnes Rolf.

Natürlich habe ich als schielender und gerne quasselnder Junge auch mit Rolf gequasselt. Viel habe ich ihm erzählt und noch mehr erklärt. Er war ein geduldiger Zuhörer.

War er es nicht, konnte ich böse werden. Dann nahm ich seinen Kopf und haute ihn damit an die Wand. So wie er selbst es machte. Meist tat ich dies in seinem Zimmer. Wir hatten beide schon unsere Schlafanzüge an. Der Tag ging zur Neige, hatte aber noch Energie. Und entweder nahm ich Rolfs Kopf aus purem Überdruss oder, wie ich vermute, nahm ich ihn aus diversen Wallungen von Neid und Wut. Weil er einfach nicht so zuhörte, wie ich es angemessen gefunden hätte, nahm ich seinen Kopf, zumal er sich ja nie wehrte.

Rolf weinte, weil ich ziemlich fest schlug. Worauf die Mutter kam und entweder, weil sie wusste, was vorangegangen war, mich ausschimpfte und mir eine Ohrfeige verpasste. Oder aber sie drückte mich einfach zur Seite und tröstete Rolf. Oder aber, eher seltener, tröstete sie auch uns beide.

Immer wieder träumte und spielte ich, dass ich später mit Rolf nach Bonn ziehen würde. Manchmal spielte ich dies auch wenige Minuten, nachdem ich Rolfs Kopf an die Wand geschlagen hatte.

Bonn war die Stadt mit dem goldenen Bahnhof. So jedenfalls erlebte ich bei Durchfahrten in den Urlaub den eher kleinen, aber kriegsunversehrten rötlichen Sandstein-Bahnhof der damaligen Bundeshauptstadt.

Hier hatte der Vater dereinst seine Theologie studiert; hier hatte der patriarchale Urgroßvater seinen Lebensabend verbracht, und hier hatte auch ein schillernder Großonkel gelebt, davon später, der in Bonn und Bad Godesberg nach dem Krieg stolzhirschig seine Arisierungs-Gewinne verprasste.

Als Kind fand ich Bonn golden und wollte mit Rolf dorthin ziehen. Vor dem Einschlafen, vor dem Nachtgebet lag ich noch in Rolfs Bett und er in meinen Arm gedrückt, und ich erzählte ihm von Bonn. Jene Durchfahrten Bonns ereigneten sich auf den sommerlichen Urlaubsfahrten in den Schwarzwald. Meinen Eltern war wegen meiner notorischen frühkindlichen Husterei Sommerurlaub im Nordschwarzwald ärztlicherseits dringend nahegelegt worden.

Nach Loßburg-Rodt gelangte man über Freudenstadt mit einem Kurswagen, welcher dem D-Zug Dortmund-Basel beigegeben wurde. Das letzte kurze Fahrtstück vollzog sich per Schienenbus bis zum württembergischen, altweiß geschindelten Bahnhof zu Füßen des Marktfleckens Loßburg. Hier wartete Bauer Schmider in seinem fleckigen Opel Kadett, um uns auf seinen Hof im nahen Weiler „Innerer Vogelsberg" zu fahren.

Der Kinderseele eingebrannt hat sich natürlich der Vorspann einer echten Dampflok, die ab Karlsruhe Hauptbahnhof den mit einigen neuen silberfarbenen Eilzug-Wagen verlängerten Kurswagen übernahm. Es waren die letzten Dampflok-Einsätze in Süddeutschland. Später, als Jugendlicher, begleitete ich im Gelsenkirchener Ausbesserungswerk mit dem klingenden Namen „Bismarck", gemeinsam mit einer traurig-ernsten Bahngemeinde, den Abschied auch von Westdeutschlands letzten Dampflokomotiven.

Ganz wenige Jahre nun fuhren die Karlsruher Dampfloks noch über die Steilstrecke der Murgtalbahn in den Schwarzwald hoch, wobei dem bahnfahrenden Kinde der Fensterplatz natürlich der einzig mögliche war.

Meine Eltern hatten während derjenigen Jahre, als Rolf zwischen drei und fünf war, ein ganzes Abteil reserviert. Dies lag an der permanenten Unruhe von Rolf, die sich im Schreien sowie im Klopfen auf alle Abteilwände und Scheiben fast ununterbrochen äußerte.

Natürlich war es da praktisch, dass ich mit einer klappbaren Rheinkarte am Fenster beschäftigt war. Sie zeigte mit Bildern und kleinen Texten den ganzen langen Rheinstrom. In der oberen Bildklappe strahlten Nordsee und holländische Windmühlen; in der nächsten Klappe folgte Duisburg mit Stahlwerken und Häfen. Dann kamen der majestätische Kölner Dom und jenes Goldene Bonn, was immer einen besonderen Ausruf aus dem Fenster auf den Bahnsteig wert war. Daraufhin klappten viele Seiten mit allen mächtigen Rheinburgen um die Loreley herum auf. Und schließlich umrundete der Rhein auf der untersten Klappe den Schwarzwald mit seinen

Kuckucksuhren und roten Bollenhüten bis zum Rheinfall und zum Bodensee.

Während Bruder Rolf hopste, gluckste, schrie, sich auf die Ohren schlug, Papier zerriss, die Polster besprang, blätterte ich unablässig in dieser Karte und las alle Orte vor, die wir durchfuhren.

Im Schwarzwald, kurz vor der Ankunft, war ich nicht mehr zu halten und rief, fast außer mir: „Jetzt kommt Forbach-Gausbach! Und dann Schönmünzach! Und jetzt Klosterreichenbach!"

Aus dem Abteil heraus gab ich zugleich den Schaffner als auch die jeweiligen Stationsvorsteher, die die Züge ankündigten wie pfeifend abfertigten. Auch alle Anschluss-Postbusse in die Schwarzwaldtäler wusste ich, mit den Händen einen Trichter formend, durchzusagen.

Erinnernde Kindheits-Szenen von Rang liegen jedenfalls sowohl in den Stadtplänen auf dem Kinderschreibtisch als auch auf jenem Fensterplatz im Zug. Beides Mal spielte mein Bruder Rolf die entscheidende Rolle. Er war immer zu hören, laut. Und ich konnte lesen, auch laut übrigens.

Zwischen 1964 und 1969 ging es in jedem Juni in den Schwarzwald. Die Ankunft der Tannen und Fichten im enger heranrückenden Tal der schwarzwäldischen Murg vermochten den kleinen Jungen noch anderswohin zu führen als einfach nur in die Weite der Welt.

Als die Bauerngeschwister Schmider vom „Inneren Vogelsberg" in ihrem breiten Württembergisch zu mir sprachen, hallten darin die Waldbäume wider, die ihre Zweige dicht an dicht an den Hohlweg schlugen. Dieser dem Kind im Laufe der Jahre so regelrecht „traut" gewordene Hohlweg war mit groben Feldsteinen mühsam und unregelmäßig gepflastert. Eine moosbewachsene Böschung wuchs beidseitig fast senkrecht in die Höhe. So führte der Weg hinab ins Tal der Kinzig, an die Mittlere Mühle.

Dort irgendwo muss es einen dörflichen Edeka gegeben haben, in dem wir einkauften. Mein Vater in seinem alten Kriegs- und Fluchtrucksack konnte auf dem Rückweg alle nötigen Bestände für das Essen hochschleppen in die kleine Wohnung im neben dem Schmiderhof gelegenen „Ausziehhäuschen".

Die Auszieh-Wohnung war für eine länger verstorbene kinderlose Tante angelegt über zwei Schuppenräumen und über eine außenliegende Holztreppe erreichbar. Sie barg zwei schlichte Zimmer sowie eine Küche mit Kohleofen. Während die Duisburger Pfarrwohnung ein Erstbezug war, erlebte ich hier oben eine große Einfachheit. Sie durchmischt sich bis heute mit dem Geruch von Grießbrei und frisch gepflückten Waldhimbeeren.

Rolf fand auch im Ausziehhäuschen und in jenen Wäldern, wie es später hieß, Inseln der Ruhe, samt erstaunlicher Gelassenheit der Bauerngeschwister. Andererseits kam er aber auch dort tags wie teils auch nachts ins Schreien und Sich-schlagen. So legte sich untergründig ein Schatten auf jene Wochen, ohne aber deren Zauber und Wirkung beeinträchtigen zu können.

Dass der in jungen Elternjahren und vor allem Dienstjahren zum Missfallen meiner Mutter recht dick gewordene Vater voller Begeisterung in seinen Kniebundhosen wanderte, seine Söhne auf die Schulter nahm und offensichtlich aufgeräumter, ja regelrecht frisch daherkam, vor allem auch erheblich präsenter am Tage war als in Duisburg, dies spannte sich in die kindliche Seele.

Die Mutter, mit Ofen und Grieß ringend, stand in diesen Wochen eher seitwärts. Sie las vor und las für sich, blieb gewiss der guten Luft im Ganzen zugetan, trotz all ihrer Herbheit und ihrer Schatten unter den Augen. Dass sie allerdings weitaus mehr als mein Vater im Herzen Städterin, Studierte, ja auch mit ihrer Gemeinde aufs engste verwachsene Pfarrfrau war, zeigte sich auch in Urlauben.

Mein Vater dagegen, dessen glücklichste Lebensjahre sich während des Krieges im bis zuletzt bombenverschonten Nordböhmen ereigneten, konnte von mir als ein Mensch mit Draußenbezug erlebt werden.

Denn trotz seines dicken Bauches blieb er zeit seines Lebens gut zu Fuß und brauchte viele Lebensstunden unter freiem Himmel und gerne im Wald. Er konnte auch dem Duisburger und Oberhausener Stadtwald Gutes abgewinnen, zur Not sogar dem abendlichen „Gang um den Block".

Mein Vater las im Schwarzwald, wie ich erinnere, seinen Blaise Pascal, jenen zugleich Physiker und Theologen des 17. Jahrhunderts, der im europäischen Geistesleben in seltener Gleichzeitigkeit sowohl für exakt messende Forschung steht als auch für bis ins Blut hingebungsvolle Jesus-Nähe.

Da saß der Vater am Waldrand, tief versunken in seinen Pascal, während Mutter die Kinder versorgte. Der Naturwissenschaftler in ihm traf da, in seltener Ruhe, den existenzialistisch nachkriegsaufgerührten jungen Mann. Am Rand des Roggenackers muss der Atem ihm Ruhe gegeben haben.

Seine Cousine, deren Familie ihn, seine Mutter und die kleinen Geschwister 1945 auf der Flucht in einem märkischen Pfarrhaus aufgenommen hatte, kam eines Tages mit deren mir gleich alten Kindern zu Schmider auf den Hof.

Und der wohl nicht unbegabte Onkel, ein Militärpfarrer aus Hessen, schnitzte aus Rinden Boote, befestigte Federn als Segel und ließ sie auf dem Brunnen des kleinen Weilers schwimmen. Dies vermochte sogar meinen Bruder zu begeistern.

Auch meine Patentante, damals Krankenschwester in der Heidelberger Krebsklinik, kam natürlich zu Besuch als jene einzige, die diese meine Familie ein Leben lang als Ganze im Blick haben konnte.

Sie schmuggelte Valium für Rolfs Ruhigstellung, was in der beamtenordentlichen Tradition der Familie einem Staatsverbrechen nahekam, das aber unausweichlich zu begehen war.

Neben dem Zauber des Waldes, dem geheimnisvollen Duft des Stalles, der ansteckenden Aufregung der ersten Heumahd (sogar der Vater half mit beim Aufgabeln auf den Hänger), legte sich bildlich auch das Kloster Alpirsbach an mich. Es wurde nach einem ordentlichen Marsch über Wald-Buckelwege steil talwärts erreicht. Dieser Weg war weiter und noch holpriger als derjenige zum dörflichen Edeka an der Mittleren Mühle.

In seiner hochromanischen Herbheit außen und seiner württembergisch-protestantischen Nüchternheit drinnen entsprach das Kloster Alpirsbach dem Charakter beider Eltern. Es säte in mich, noch vor der späteren unvermeidlichen Hesse-Lektüre, ein Bild, das mit „Religion" untrennbar verbunden blieb. Die Mönchszellen der Klausur taten das Ihre.

Zwei weitere frühkindheitliche Reiseziele lagen erheblich näher als der Schwarzwald. Das eine war das niederrheinische Vluyn, wo die Mutter der Mutter wohnte. Dorthin ging eine etwa eineinhalb Stunden dauernde Fahrt. Sie führte über die Haus-Knipp-Brücke, Deutschlands nördlichste Eisenbahnbrücke über den Rhein.

Der rote Akkumulatoren-Triebwagen röhrte, von Beeck und Beeckerwerth kommend, über Schafherden unter Vorflutbrücken hinweg, um dann ganz einzutauchen in den drei kapitalen Bögen der Hauptbrücke. Von dort oben ließen sich ohne Pause Rheinschiff an Rheinschiff flussaufwärts wie flussabwärts stampfen und gleiten sehen.

Zwischen den Streben der Bögen glitt der Blick sowohl nach unten auf den Strom als auch geradeaus in die Reihen der Schornsteine und glühenden Hochöfen, die den Horizont nach drei weithin sichtbaren Seiten prägten.

Zur vierten, zur niederrheinischen Seite, grüßten Doppelreihen Pappeln, welche die Baerler Deichkrone säumten. Sie kündeten bereits die Großmutter an.

Am Bahnhof von Moers wurde in die Kreisbahn umgestiegen, in einen noch älteren und ebenfalls roten Triebwagen. So gelangte man nach Vluyn, wo die letzten Zechen des Niederrheins übergingen in Weiden und Waldstücke, die bis zur nicht mehr fernen niederländischen Grenze ausstrichen.

Die Großmutter starb leider, als der kleine schielende Junge gerade vier Jahre alt war. So bergen sich sehr ursprüngliche Erinnerungen in der Seele an eine grundgütige Frau, die wirklich immer Marmorkuchen mit reichlich Sahne für ihren Enkel bereit hatte.

Und als Rolf geboren wurde und ich zu versorgen war, übernahm dies selbstverständlich die Großmutter. Mit der Taxe wurde ich zu ihr geschickt, allein. Und sie steckte mich dann in ihr riesiges Badezimmer, barg mich in den Seifendüften, trocknete mich mit ihren weichen Handtüchern und trug mich, wohl schon schlafend, in mein Kinderbett.

Ebenfalls verbinde ich Pfauen mit der Großmutter. Denn gleich hinter ihrem Haus lag der Friedhof. Und gleich hinter dem Friedhof befand sich der Gutshof von Schloss Bloemersheim, zu welchem ich zwischen den Händen meiner Mutter und meiner Großmutter spazieren ging, um die Pfauen zu besuchen.

Sie stolzierten aus ihren Volieren zum kleinen Wasserschloss hinüber und schlugen unversehens ihr Rad. Vor gleichzeitigem Schrecken und Glück muss der kleine schielende Junge offenbar lange geschrien und dann endlos gequasselt haben.

Das andere Reiseziel war das der väterlichen Großeltern in Köln. Dorthin ging es immerhin mit dem D-Zug. Und auch diese großmütterliche Küche brannte sich durch köstliche Mahlzeiten in die Kinderseele ein. Am wichtigsten war das Brombeertoast. Ich durfte (da war ich wohl schon Grundschulkind) ausschlafen und musste mich zum Frühstück noch nicht anziehen, sondern durfte im Kinderbademantel an den Küchentisch. Dort gab es Marmelade aus der legendären Brombeerhecke des großelterlichen Kleingartens an der Dechsteiner Mühle, auf ein solches Toastbrot gestrichen, was es in Duisburg nie gab.

Und es gab Leberwurst-Stullen, wenn gewandert wurde. Da der Opa Wanderführer des Eifelvereins war, ging es stets und ständig hinaus in die Natur, samt Oma, Tante und Cousinen.

Auf einer Bank mit weitschweifendem Blick im Siebengebirge konnte man verlässlich den Kölner Dom sehen, sich den Bauch vollschlagen und das Brot nachspülen aus einer Flasche, in welcher die Oma die legendäre „Tritop"-Limonade mit Wasser verdünnt hatte.

Die Fahrten nach Vluyn und nach Köln stehen in meinen Erinnerungen immer ohne Rolf. Rolf verbinde ich einzig mit dem gemeinsamen Zuhause in Beeck und mit den Fahrten in den Schwarzwald.

Und ganz hin und wieder mit Ausflügen mit der Mutter und dem Vater in den nahen Duisburger Stadtwald. Dort standen mitten im Wald Rutschen. Und Rolf stieg wackelig wie kraftvoll hinauf, rutschte hinunter und rannte sofort wieder an den Fuß der Rutschen-Treppe. Ganz schwach erinnere ich mich an andere Kinder, die auch dort rutschten und wie sie zu Rolf schauten.

Als Rolf fünf war, zog er um in die Anstalt nach Scheuern, an die Lahn. Das war so gewaltig, dass ich es zunächst gar nicht verstand.

Ich übersprang, drei Wochen nach seinem Umzug, mitten im 2. Schuljahr von Klasse 2 in Klasse 3. Als im September geborenes Kind war dies auf Sonderantrag in Ausnahmefällen möglich. Meine Eltern hatten drei Jahre davor schon die vorfristige Einschulung versucht, waren aber leider an mir gescheitert. Ich hatte den die Kindesentwicklung prüfenden Duisburger Schulpsychologen auf deren Frage, was denn die Post sei, keine Auskünfte über Briefe und Briefkästen geben wollen. Stattdessen erklärte ich ihnen umfänglich die Linienführung der damaligen Postbusse im nördlichen Schwarzwald. Das war falsch und bescherte mir zunächst ein weiteres Jahr Kindergarten.

Wobei, wenn ich mich recht erinnere, war es mir schielendem Pfarrerskind, der viel Redebedürfnis hatte, gerade auch über meinen Bruder, nicht immer leicht, den Kindergartenmorgen gut zu bestehen.

Das Basteln bereitete mir viele Mühe. Das Erstellen von Sternen für das adventliche Fenster endete in Tränen; Scheren landeten bei mir lieber im Daumen denn zackend auf dem Transparentpapier. Die Uhu-Tube leerte sich bereits, führte aber zu keinerlei Stabilisierung der verschiedenen Schichten blauen, roten, gelben dünnen Papiers. Stattdessen zogen Spuren Klebstoff von meinen Händen über die Tischchen und Stühlchen bis in die kurzgeschorenen Haare.

Auch mit der Knete und deren Aufgabe, schöne Tiere und Märchengestalten zu bildnern, hatte ich wenig Glück. Ich landete meist nach recht kurzer Zeit bei einem farbamorphen Klumpen, der weder zu einem Hund noch zu Rapunzel werden konnte.

Natürlich bröselte der Knetstoff auch auf ungeahnten Wegen zwischen meine Zähne und unter die Furnierplatte des Holztischchens.

Beim Xylophon-Vorspiel für die versammelte Mutterschar arbeiteten meine Schlägel meist dystonisch und Stockhausen-ähnlich. Vor Aufregung sprang der Filzknopf vom Schlägel hinunter und führte zu erbärmlichem Geklacker auf den chromierten Klangstäben. Selbst eine Triangel, das kleinste der zu verteilenden Instrumente, bereitete dem kleinen schielenden Jungen Mühe. Denn das schlackernde metallische Etwas konnte nie wirklich getroffen werden, sondern verlässlich immer nur der Daumen.

Wie auch zu Hause, bedeutete das Auf- und vor allem das Zuknoten meiner Schuhe den Höhepunkt des Schreckens im Kindergarten. Entweder führte das Schuhbinden in ein Knotengebirge; oder die Bänder lösten sich bereits drei Schritte nach der Bindung und führten dazu, über die eigenen Füße zu stolpern. Mein darüber verzweifelnder Vater dachte sich einen Parcours von Knoten-Übungen aus, die nur meine Verstocktheit und seine Wut förderten.

Meine Mutter, bereits durch Rolf bis zur Grenze und darüber hinaus gefordert, beugte sich regelmäßig schimpfend mir zu Füßen, um aus dem Salat endlich eine haltgebende Ordnung zu entbinden.

Mit Mädchen hatte ich es im Kindergarten definitiv leichter als mit Jungen. Meist lud ich zu den Kindergeburtstagen auch eher Mädchen ein. Dann war ich aber oft so aufgeregt mit der Folge der Kuchenteller-Füllungen und der von der Mutter angeleiteten Sackhüpfen- und Topfschlag-Spiele, dass gerade Geburtstage allzu oft in Tränen mündeten.

Schließlich kam die Grundschule. Sie fand ich zunächst langweilig, bis zum Überspringen mitten im zweiten Schuljahr. Ich konnte bereits lesen und fand die Lehrerin doof. Vermutlich fand ich sie doof, weil meine Eltern sie auch sehr mittelmäßig fanden. Ich dachte mir sogar Ausreden aus, warum der Unterricht angeblich erst später anfinge. Für meine korrekt-ordentlichen Eltern bedeutete es natürlich ein Unding, zu spät zur Schule zu kommen. Aber ich drechselte es dreist hin und platzte verspätet in den Unterricht. Zwar wurde ich ermahnt von jener Lehrerin Schauer mit dem schwarzen Topfschnitt, aber in der darauffolgenden Woche nahm ich mir gleich noch mal jene Gesetzlosigkeit heraus.

Es war ja so langweilig.

Insgesamt fühlte ich mich in Mutters „Frauenhilfe" wohler als zwischen den niedrigen Basteltischen im Kindergarten oder vor der Schultafel der armen Frau Schauer, deren Buchstaben-Übungen mich so langweilten, dass ich laut mit dem Stuhl kippelte. Unter „Frauenhilfe" verstand sich eine wöchentliche, nachmittägliche Zusammenkunft von Frauen im Gemeindehaus. Sie unterstellten sich der Andacht des Pfarrers (gerne meist vertreten von seiner Frau, meiner Mutter), um danach in schweren weißen Tassen dünnen Kaffee zu trinken. So konnte der natürlich von einer der Frauen selbstgebackene Streuselkuchen hinuntergespült werden, um dann so gestärkt die für die Zusammenkünfte wichtigen sozialdiakonischen Verabredungen zu treffen.

Jene meist im „verlorenen" Osten aufgewachsenen Frauen, viele davon Bäuerinnen und spätere Stahlarbeiterfrauen, fanden in Mutters Frauenhilfe einen absolut wichtigen Ankerpunkt. Hier wurden sie genährt und zeigten zugleich ihre oft unfasslichen innerlichen wie äußerlichen Lebenskompetenzen.

Das alles habe ich als kleiner Junge natürlich nur mehr spüren können, mitnichten verstanden. Aber ich höre diese vielen Frauen bis heute mit wogenden Kehlköpfen und geschlossenen Augen singen, erstaunlich fröhlich lachen und einen Bienenkorb schwirrenden Gesprächs ausbreiten im großfenstrigen Gemeindesaal.

Ziemlich sicher bin ich gerne in Mutters „Frauenhilfe" mitgekommen und habe regelmäßig Beiträge zu liefern gewusst. Wenn diese zu viel wurden, hatten sie streng-mütterlich unterbunden werden müssen. Nachdem Rolf in die Anstalt gekommen war, konnte sich

meine Mutter noch sehr viel stärker ihrer Gemeinde-
arbeit zuwenden.

Eigentlich war sie die Pfarrerin, auch wenn mein Vater
das entsprechende Gehalt bezog. Er stand mehr für die
umfängliche gemeindliche Verwaltung und für die
Predigten. Sie wurden damals noch mit mindestens acht
bis zehn Stunden langer Auslegungsarbeit regelrecht
erschwitzt.

Teilweise liebte mein Vater auch seine Besuche bei
Gemeindegliedern, mit denen er nicht nur betete, sondern vorher ausführlich die Zeitlage erörterte. Vor allem
mit Ingenieuren und noch mehr mit Finanzbeamten hatte
er sich über die, wie er sagte, wirklich tragenden und –
ein Lieblingswort – „komplizierten" Sachverhalte der
Welt auszutauschen.

Die Mutter, so bekam ich täglich mit, hatte ihre gemeindlichen Gruppen, ihre Telefonate, ihre unermüdlichen Organisationsaufgaben auf der Schreibmaschine.
Mit einem eigenwilligen Bogen von diversen Basteltech-
niken über Dia-Vorträge bis hin zu gemeindlichen Ausflügen, Basaren und Weihnachtspräsenten hielt sie ein
Uhrwerk am Laufen, das – so schien es dem Kinde – seit
Anbeginn der Welt am Laufen zu halten war.

Ja, Rolf war in die Anstalt gekommen. Mit fünf Jahren.
1971.

Dass bedeutete natürlich den markantesten aller
möglichen Einschnitte. Jetzt fehlte einer. Und es dauerte,
bis die Endgültigkeit klar war. Ich schaute immer wieder
in Rolfs Zimmer und auf seine leere Matratze. Und tat
manchmal einfach so, als ob er noch da wäre.

Es war eher ungewöhnlich, sein Kind wegzugeben.
Über lange Jahre, bis weit in meine Erwachsenenzeit,

habe ich damit gehadert. Seit langem weiß ich, dass meine Eltern mit Härte (vor allem gegen sich selbst), aber auch mit Weisheit gehandelt haben.

An einem kalten Januarmorgen 1971 war ich wach-geworden, zum Fenster gesprungen und bekam mit, wie Taxi Hüber meine Mutter und meinen Bruder in den Fond schob, meinem Vater vorne den Platz einwies, die Türen von außen schloss. Dann setzte er sich gewohnt souverän ans Steuer, ließ den Wagen an, scherte aus der Parklücke vor dem Haus in der Fontanestraße in Duis-burg-Beeck und verschwand schließlich aus meinem Blickfeld.

Erst im Sommer jenes Jahres besuchte ich Rolf in der Anstalt, mit meinen Eltern. Meine Mutter fuhr alle sechs Wochen von Duisburg nach Nassau an der Lahn, dreiein-halb Stunden Bahnfahrt hin und dreieinhalb wieder zurück. Mein Vater fuhr nur einmal jährlich dorthin.

In den zehn Jahren nach Rolfs Umzug nach Nassau habe auch ich ihn nur etwa einmal jährlich besucht. Natürlich haben sich vor allem die ersten Besuche in mein Herz gebrannt.

Es ging wieder mit einem Kurswagen auf die Reise. Zu Beginn der Sommerferien, die ausdrücklich nicht allzu weit von Nassau verbracht werden sollten in Bad Kreuznach, wurde in Duisburg der Limburger Kurswagen bestiegen, der dem D-Zug von Dortmund nach Passau beigegeben wurde.

Nach gar nicht weiter Fahrt wurde der Kurswagen bereits in Koblenz quer über alle Gleise einem Eilzug von Koblenz nach Gießen angekuppelt. Mit dem Vater stand ich während jenes Rangier-Vorgangs am Ende des Gangs, um dem Gekuppel und Gestänge der rufenden und behelmten Bahnarbeiter zuschauen zu können. Die technischen oder handwerklichen Umstände vermochte ich nicht zu verstehen, sondern allein den Vorgang staunend beobachten, wie ein einzelner Wagen mit Hilfe einer kleinen roten Lok erst hin und dann quer und dann wieder her über den gesamten Hauptbahnhof von Koblenz gefrachtet werden konnte.

Von Koblenz aus ließ es sich, nach kurzem Blick auf die orthodoxe Kirche und das verblichen-mondäne Kurhaus von Bad Ems, wenige enge Lahnschleifen weiter in Nassau einfahren. Die großen Hebel in einem dem Bahnhof vorgelagerten Stellwerkraum gewannen unmittelbar die Aufmerksamkeit des Achtjährigen, sahen sie doch aus wie mächtige Ruderer, die von anderen mächtigen Ruderern – nämlich dem Fahrdienstleiter – einmal quer durch den Raum geworfen werden konnten, um das Signal auf „Fahrt" zu stellen.

Es schloss sich ein etwas gestaut und gehetzt eingenommenes Mittagessen in der Nassauer Stadthalle an, mit der Maßgabe, dass möglichst alle dasselbe zu essen hätten, um die Zeit gut einhalten zu können. Dann führte ein knapp halbstündiger Gang über den Burgbergsattel in Bergnassau wieder hinunter in das Dörfchen Scheuern. Es bestand mindestens zur Hälfte aus jener Anstalt, die heute und seit mehreren Jahrzehnten sich „Stiftungen" nennt.

Noch lange war es damals angezeigt, sich beim Pförtner im flachen Häuschen an der Brücke über dem dauerrauschenden Mühlbach zu melden und den Anlass des Besuches kundzutun. Nach erfolgreichem Einlass ging es zu Rolfs erster Station, die sich im sogenannten „Schlösschen" befand. „Schlösschen" bezog sich vom Namen her auf ein kleines herzoglich-nassauisches Guts-Anwesen des 18. Jahrhunderts. Ab 1900 umfassten große schieferschwere Heilanstalts-Gebäude das helle „Schlösschen" mit dessen geduckten Giebeln.

Rolf lebte gemeinsam mit etwa zwölf kleinen Jungen und Mädchen – meine eigene Erinnerung ist hier tatsächlich verschwommen – in einer Station (das Wort „Wohngruppe" ist später erst Brauch geworden), die von einer matronenartigen Frau Huth offensichtlich liebevoll und verständig geführt wurde.

Frau Huth wurde unterstützt von mehreren lernbehinderten oder anderweitig anstaltsbedürftig gewordenen jungen Frauen. Diese lebten ihre ihnen nicht zugestandene Mütterlichkeit im Guten wie zuweilen auch im Grenzwertigen an den kleinen Kindern wie Rolf aus.

Sie fütterten lauthals die Kinder und quetschten sich dabei auf dieselben kleinen Stühle. Danach saßen alle Kinder gleichzeitig auf den türlosen Klos, wobei nur die Hälfte wusste, wozu sie eine Kloschüssel zu gebrauchen hatten.

Der vermutlich etwa halben Stunde, die ich Rolf auf seiner Station erleben konnte, folgte ein Familienspaziergang. Dieser führte am herrlich aufgeregten Mühlbach entlang, unterhalb der steilen Hänge, die von der Nassauer Burg, dem Stammhaus des niederländischen Königshauses, bekrönt wurde. Schließlich bogen wir auf die Bachbrücke, auf welcher Rolf in gänzlich ausgelassenes Hopsen kam. Die Metallplatten der Brücke schallerten wild; sein Rufen brach sich den ganzen Waldhang hinauf.

Es hieß lange, dass Rolf durch Gummibärchen gut zu führen und zu motivieren sei. Jedenfalls kamen sie reichlich zum Einsatz und erzeugen bei mir bis heute ein Schnüren im Magen.

Rolf musste gut beaufsichtigt werden, da er in seiner Kraft überall hinrennen wollte. Oder er schmiss sich kniekrachend auf den Boden und zog sich dabei manche Wunde zu. Zumindest schlug er sich lang und aufgeregt auf die Oberschenkel, schrie und machte sich überaus schwer, wollte man ihn hochheben.

Diese Familienspaziergänge wurden begleitet durch vielfache Begegnungen auf dem Anstaltsgelände. Andere Anstaltsinsassen, wie es damals noch hieß, liefen und sprangen, ja kullerten über die gleichen Wege. Manche wurden an leinenartigen Bändern von den Pflegerinnen und Pflegern gehalten. Wieder andere lagen auf Gefährten eingepackt, gut angeschnallt und warm, und schauten entweder geradewegs zum Himmel oder wälzten sich taktartig von links nach rechts.

Regelmäßig wurde man angesprochen, um Geld angegangen oder um Bonbons, mit wildfarbigen Erzählungen angerührt oder unumwunden und tatsächlich liebevoll fest in den Arm genommen.

Das waren über mehrere Jahre die Familienausflüge. Sie endeten bereits vor etwa 45 Jahren.

(Das einzige Foto der gesamten Familie übrigens zeigt Rolf am Tauftag. Alle schauen auf Rolf. Darüber, an der Wand, ist ein blaues Bild mit Schiffen zu sehen.)

Als ich zum ersten Mal Rolf in seiner Anstalt besuchte, hatte ich gerade mitten im Schuljahr die Klasse übersprungen. Nun musste ich mich in der Tat anstrengen, vor allem im Rechnen. Ich kam nie mehr zu spät. Dies lag aber auch an einem Klassenlehrer namens Schwetasch, der sein Handwerk verstand.

Mitten im Klassenraum stand das Modell einer kleinen Stadt, das von allen Schülerinnen und Schülern nach und nach gebastelt worden war. In dieser Stadt, in diesem Modell, konnte von allen Schülerinnen und Schülern nachvollzogen werden, was zu berechnen war, was vorzulesen, was zu bauen.

Mit Herrn Schwetasch ging es auch zur Ruhrschleuse am südlichen Rand des großen Ruhrorter Hafens. „Heimatkunde" wurde zum glanzvollen Fach mit einem buchstäblichen Feuerwerk von Hochöfen, Schleusungsvorgängen und Güterbahnhöfen.

Leider hatte ich nur ein kurzes Jahr lang das Glück von Schwetasch. Denn ziemlich genau ein Jahr, nachdem Rolf in die Anstalt kam, zogen meine Eltern mit mir innerhalb des Duisburger Nordens von Beeck nach Obermarxloh. Es war wohl an der Zeit, die Rolf-Erinnerungen in der Beecker Wohnung hinter sich zu lassen. Im Rückblick gesehen hat meinen nicht primär durch Frohsinn geprägten Eltern jener Umzug gut getan.

Vater war vertrieben. Er hatte, seine drei jüngeren Geschwister buchstäblich an der Hand, 1945 aus dem vormaligen Sudetenland fliehen müssen. Dass Vater ein Vertriebener war, fiel in den Sechziger Jahren nicht nur nicht auf. Er entsprach fast der Normalität, vor allem im Ruhrgebiet.

Vater aß sich einen dicken Bauch an, weil man in den Sechzigern endlich so viel essen konnte, wie man wollte. Er las sich seit seiner Flucht und Vertreibung ein Wissen an, das ihm niemand mehr nehmen konnte. Tatsächlich habe ich in meinem Leben kaum mehr jemand kennenlernen können, der so viel wusste. Tragischerweise ist er allerdings nie an einen Ort gekommen ist, wo er dieses Wissen hätte strömen lassen können.

Stattdessen hatte dieses Wissen bei genauerer Betrachtung auch etwas Gestautes und zeigte sich in einer fast notvollen Listenhaftigkeit. Kein Buch, ob der Theologie oder der Kunst oder der Wirtschaft, schaffte er sich an, um nicht sofort eine das Inhalts- und Sachverzeichnis weit sprengende Liste im Einband oder mehr noch im eingelegten Zettel-Apparat anzulegen. Minutiös wurden alle Details und Querverweise vermerkt, mit Bleistiften oder Kugelschreibern oder dem ewigen gespitzten Rotstift.

Ich habe diese väterliche Listenhaftigkeit insofern frühkindlich übernommen, dass ich in meiner bereits erwähnten Kartensammlung früh zu Sortierungen gegriffen habe, welche über das eigentliche Anliegen der Herausgeber eindeutig hinausgingen. Frankfurt bekam viele neue Brücken, Kölns Rheinufer wurde mit neuen Häusern vollkommen zugepflastert. Und die in Ziehharmonika-Form klappbare Karte des Rheins kannte ich mit sechs Jahren ungefähr auswendig, von Holland bis hinunter in die Schweiz. Auch auf dieser Karte wurden viele neue Bahnstrecken projektiert, die den Rhein hin und her überqueren konnten.

Natürlich stand hinter vielen solchen im Grunde ja auch genialen Tätigkeiten sowohl des Vaters wie des Sohnes eine echte Not.

Eines Sonntags ging Vater mit mir über den nahegelegenen Rheindeich, von Beeckerwerth bis Ruhrort. Der Weg ging über die hohe Deichkrone entlang einer der breitesten aller Rheinschleifen, wo das kindliche wie das erwachsene Auge schauen konnte ohne Ende. Das linksrheinische Ufer zeigte sich mit dem unablässigen Geklacker der Eimerbagger in den Kiesgruben und, gleich daneben, mit fetten Weiden voller Schafe und auch schwarzbunter Rinder. Das eigene, das rechtsrheinische Ufer zeigte das Phoenix-Großkraftwerk, die Ruhrort-Homberger geschwungene Rheinbrücke und die breite Einmündung der Ruhr in den Rhein. Rückwärtig waren die Hochöfen von Bruckhausen und die Kulisse des langen Warmwalzwerkes von Beeckerwerth zu sehen.

Und dazwischen bog Schiff um Schiff in die Rhein-schleife, im sich nahekommenden Gegenverkehr beider Richtungen. Der Bass der Schiffs-Diesel tockerte und stampfte; zwischenzeitlich schleckten Wellen; und emsig liefen Schiffsleute hin und her, sicherten Fracht und reparierten Leinen.

Hier, vor dieser Panorama-Kulisse meiner Kindheit, gab es die väterliche Vorlesung: „Der Ablauf des Zweiten Weltkriegs in Grundzügen". Ich war wohl etwa sieben Jahre alt, weiß aber bis heute jene Grundzüge. Mehr noch: Genau von diesen buchstäblichen Grundzügen aus bin ich seit Jahrzehnten unterwegs, jenen mit Hand und Fuß hinterherzugehen.

Mutter war nicht vertrieben. Sie hatte den Krieg in ihrer heimatlichen Grafschaft Moers erlebt, wo sich die westlichen Ausläufer des Ruhrgebiets, schon links-rheinisch, mit den Wiesen und Äckern des Niederrheins mischen. Die Niederlande, gemeinhin „Holland" genannt, sind hier schon nah.

Meine Mutter hatte ein anderes Trauma. Als sie gerade 18 Jahre alt geworden war, hatte sie zu erleben, wie ihr über alles geliebter Vater vor ihren Augen starb. Die Bundesrepublik Deutschland war keinen Monat alt, der

Krieg mehr oder minder heil überstanden. Und dann das Unglück. Es geschah auf einer evangelischen Gemeindefreizeit des niederrheinischen Vluyn auf der ostfriesischen Insel Spiekeroog. Eine Sturmflut war jäh aufgekommen, ohne die obligaten Warnungen. In Sturmeseile waren die Kinder aus den Wellen zu holen. Auch mein Großvater stürzte sich in die Rettung, wohl auch erfolgreich. Dann brach er am brausenden Strand, vor den Wellen sicher, zusammen – und verschied.

Neben zwei ertrunkenen Kindern, so meldet es die „Rheinische Post" vom 14. Juni 1949, verstarb Wilhelm Buyken. Mitten im Leben, mit 45 Jahren.

Meine Mutter und zwei ihrer jüngeren Geschwister bekamen dies unmittelbar als Augenzeugen am Strand mit. Und danach alles wie in Trance oder, im Falle meines Onkels, im Tiefschlaf.

Sie fanden sich wieder auf der Fähre nach Neuharlingersiel, wo der von der Zeche eilig abgestellte Wagen samt Fahrer wartete. Auf der Ladefläche wurde der vorläufige väterliche Sarg verstaut, zurück nach Vluyn. Meine Mutter hielt den Hut ihres Vaters während der ganzen langen Fahrt auf dem Schoß.

Meine Mutter, die Älteste von fünf Geschwistern, hat seitdem wenig lachen können in ihrem Leben. Von den Kinderbildern her zu urteilen, war sie ohnehin ein ernstes Kind und stand in besonderer Beziehung zu ihrem Vater.

Jener Großvater Wilhelm Buyken wurde 45 Jahre alt, scheint aber in dieser Lebensspanne so viel erlebt zu haben wie manche mit 80 nicht. Er war erfolgreicher Unternehmer, hatte sich, obgleich Halbwaise und aus einfachen Handwerker-Verhältnissen, schnell hochgedient als leitender Angestellter „auf Zeche". Im Krieg stellten sie ihn „unabkömmlich = uk", damit er ein reichsweites Netz von Trockennahrungs-Werken leiten konnte. Kurz vor seinem tragischen Tod stand er im Begriff, als Direktor auf seine prosperierende Zeche „Friedrich Heinrich" in Kamp-Lintfort zurückzukehren.

Großvater Wilhelm Buyken hatte sich nicht nur als Unternehmer erfolgreich gezeigt, sondern auch in seiner Begeisterung für Jesus und die Freien Gemeinden. Deren von Nicht-Theologen geführten Zusammenkünfte dauerten über viele Stunden und verlangten hohen emotionalen Einsatz. „Die Schrift" wurde wirklich schwitzend studiert, es wurde „von ganzem Herzen" gebetet. Alle hatten sich regelmäßig öffentlich ganz und gar „dem Herrn Jesus" in die Hände zu geben.

Erst im Laufe vieler Jahrzehnte habe ich erkannt, dass der meine Kindheit prägende, traurige und häufig strenge Blick meiner Mutter, untermalt von ihren Ringen unter den Augen, durchzogen war vom Schmerz über ihren jäh verlorenen Vater.

Als Jugendlichem und auch später sagte sie mir, ich gleiche vom Aussehen und vom Auftreten ihrem Vater, meinem Großvater. Dieser Satz mutete mich bedrängend an.

Die Ringe unter den Augen meiner Mutter riefen nach ihrem Vater. Vermutlich riefen sie auch nach meinen Bruder Hermann. Der lebte vor mir, knapp ein Jahr vor mir. Er wurde im Oktober 1961 geboren und starb 21 Stunden nach der Geburt. Wie ich sehr viel später eher zufällig herausfand: Es waren genau die Stunden, als sich in Berlin am Checkpoint Charlie sowjetische und US-amerikanische Panzer gegenüberstanden.

Hermann wurde im Krankenhaus Bethanien in Moers geboren.

Meine Eltern waren im Umzug. Meine Großmutter schickte meine Mutter, zunächst gegen deren Willen, ins Krankenhaus, nachdem Fruchtwasser abgegangen war.

Meine Mutter hat Hermann kurz gesehen. Mein Vater hat, gemeinsam mit seiner Schwiegermutter, Hermann beerdigt, ohne Stein. Aber er kam zu liegen neben seinem Großvater, dem Unternehmer Wilhelm Buyken, als dessen erstgeborener Enkel, auf dem Evangelischen Friedhof von Vluyn am Niederrhein.

Kurz nach dem großväterlichen Tod bezog die Großmutter ein Haus, welches unmittelbar auf diesen Friedhof schaute. Und gleich an die andere Seite des Friedhofs grenzte der Gutshof der Pfauen mit dem Wasserschloss.

Meine Mutter wurde offensichtlich schnell wieder schwanger nach Hermanns Tod. Später sagte sie mir mehrfach, sie wäre mit mir 18 Monate schwanger gewesen. Das ist natürlich ein unmöglicher Satz, biologisch und seelisch. Mittlerweile glaube ich ihn ihr. Es war ihre einzige Wahl. Und auch die einzige Wahl meines Vaters.

Dass es einen Bruder namens Hermann gab, habe ich wohl eher zufällig erfahren. Oder habe ich es geträumt? Oder, eher, in Erwähnungen Erwachsener aufgeschnappt? Jedenfalls habe ich wohl, und zwar als Rolf noch in Duisburg wohnte, meine Eltern mit der Nachricht auftrumpfend überrascht, ich habe ja noch einen weiteren Bruder. Wenn ich mich recht erinnere, entgleiste das väterliche Gesicht, und der mütterliche Löffel rutschte in der Suppe ab.

Vielleicht war es aber auch einfach zu viel: Rolf, und dann noch diese Geschichte von damals.

Auch bei mir rückte Hermann zunächst weit weg.

Ich sah seine Geburts- und Sterbeurkunde im Stammbuch meiner Eltern. Und es brauchte lange Jahrzehnte, um ihn gleichsam wiederzutreffen, als Mitglied meiner ersten Familie.

Als ich später längst selbst ein Pfarrer geworden war, im Kaiserswerther Krankenhaus, bahrte ich als Klinik-Seelsorger zahllose verstorbene Kinder im „Moseskörbchen" auf, um die Kinder den Eltern zu zeigen. Auch legte ich, zwischen Klinik und Diakonissen-Mutterhaus, eine Grabstätte für diese Kleinen an. Das war mein „Hermanns-Dienst".

Hermanns Geburt und Tod beendeten endgültig die Studien- und Berufsjahre meiner Mutter. Sie zehrte noch von der Förderung ihres Vaters, als sie 1950, ein Jahr nach dessen Tod, Abitur machen konnte. Gleich danach begann sie das Jura-Studium in Köln, als eine der sehr wenigen studierenden Frauen, nicht zuletzt in jener Fakultät.

Meine Mutter war gründlich und tüchtig und ordentlich ihr Leben lang. Sie verkörperte darin das Kernvokabular des reformierten Pietismus. Sie schloss ihr Studium ab, erkannte aber, weder zur Richterin noch zur Rechtsanwältin geboren zu sein, sondern zur Fürsorgerin, also in heutiger Sprache: zur Sozialarbeiterin. Also setzte sie, durch das vorhergehende Studium leicht verkürzbar, noch eine weitere Ausbildung obendrauf.

Sie hatte ihre strenge Liebe für sogenannte schwierige Kinder und Jugendliche, machte Freizeiten mit ihnen und konnte ein Jahr lang in der buchstäblichen Freien und Hansestadt Hamburg eine Luft atmen, die ihr später nie wieder zu atmen möglich war. Sie konnte als Stipendiatin der Viktor-Gollancz-Stiftung neue Wege und Methoden ausprobieren, zu denen damals die Gruppendynamik gehörte.

Dann aber, nach der Hochzeit und der vorhergehenden Brautprüfung im Landeskirchenamt, kam sie in den Dienst der evangelischen Kirche als Pfarrfrau.

Bei der Brautprüfung wurde ihr vom legendären Oberkirchenrat Schlingensiepen bedeutet, dass Gruppendynamik in einer sich evangelisch nennenden Kirche selbstverständlich nichts zu suchen habe.

Sie hat sich gefügt.

Sie hat Hermann verloren.

Sie hat mich geboren.

Sie hat Rolf geboren.

Sie hat in durchaus öffentlich bemerkter Form als Pfarrfrau gedient.

Tüchtig, ordentlich, gründlich, eher nicht mit Wärme.

Aber respektabel und allemal respektiert.

Meine Mutter und mein Vater kannten sich viele Jahre, bevor sie ein Paar wurden. Beide waren sie Vertrauensstudenten in der Evangelischen Studentengemeinde Köln. Mein in Bonn studierender Vater wohnte, bis er fast 30 war, bei seinen Eltern und mit seinen drei Geschwistern in einer kleinen Wohnung in Köln-Sülz. Meine Mutter hatte gemeinsam mit ihrer Freundin Irma eine winzige Dachwohnung in Köln-Braunsfeld.

Es heißt, mein Vater habe um meine Mutter länger geworben. Er bekam vor der endlichen Verlobung wohl öfter Aufschub. Die vater- als auch muttergeprägte Frömmigkeit meiner Mutter muss meinem Vater vermutlich anziehend gewesen sein, genauso wie ihre große „Sachlichkeit". Jene „Sachlichkeit" war ihr persönlich ausdrücklich eigen. Zugleich bedeutete „Sachlichkeit" wohl eines der Markenzeichen der noch ruinenbestimmten, und zugleich wohlstandshochrauschenden Fünfziger Jahre.

Mit dem Umzug von Beeck nach Obermarxloh ließen meine Eltern ein Stück Rolf hinter sich. Und das war wohl klug.

Nun blieb auch mehr Zeit für die Erziehung von mir. Diese war oft streng. Meinen Eltern saß mir gegenüber die Hand locker; ich bekam öfter Schläge, zuweilen auch „mit Hose runter". Meine Eltern waren in vielem „alte Schule". Lehrer hatten grundsätzlich recht, Schüler fast nie. Gehorsam hatte einen hohen Stellenwert, die Gabe zur gesellschaftlichen Anpassung stand gleichsam im Verfassungsrang. Sozialkundelehrer und Jugendleiter, auch einige politisch aktive Pfarrers-Kollegen (Frauen gab es nur wenige in jenen Positionen) wurden teils deutlich abgelehnt.

Weit gefehlt wäre es allerdings zu meinen, dass meine Eltern äußerlich als typisch angepasst anzusehen gewesen wären. Sie hatten etwas skurril fast Britisches, leider allerdings ohne es mit gewisser Lust zelebriert zu haben. Meine Mutter kleidete sich, wie sie wollte, nur teilweise geschmackssicher, mit teils grellen Farben und experimentellen Schnitten, manchmal auch betont lieblos gegen sich selbst. Was auch für meinen Vater galt, der rechte Mühe hatte, seinen dicken Bauch, seine wilde Haarpracht und auch sein häufiges Rülpsen-müssen in Zaum zu halten.

Natürlich war das mit den Schlägen nicht schön. Die meisten Erinnerungen verbinden jene Schläge mit dem Pfarrhaus in Duisburg-Obermarxloh. Dieses Pfarrhaus stammte, samt desaströser späterer Eingriffe, aus der Zeit vor dem Ersten Weltkrieg. Es glich einer Wasserburg, die gemeinsam mit der grauverputzten Kirche ein eigenes Gebilde im Stadtteil ausmachte. Dessen Bewohner sollten wohl auf natürliche Weise von anderen Menschen und anderen Weltthemen immer einige Schritte isoliert bleiben. Struppige verschnittene Apfelbäume und der Zwinger des räudigen Küster-Schäferhundes schlossen die Burg nach hinten ab, mit einer hohen, ebenfalls grauverputzten Mauer.

Die markante Hässlichkeit dieses Anwesens in einer Straße, die natürlich die Wittenberger heißen musste, steigerte sich durch ein gleich an die Mauer anschließendes Gelände. Über jene „Ödgelände" genannte, regelmäßig von Schafen abgeweidete Fläche, verwoben sich mehrere Hochspannungsleitungen bis hin zum drei Steinwürfe entfernten Umspannwerk.

Das häufig knackende Werk lag unmittelbar jenseits der nahen Kleinen Emscher, einem der mehreren, ausschließlich Kot und Chemie transportierenden offenen Abwassergräben. Diese durchzogen über viele Dutzende Kilometer den nördlichen, den hochindustrialisierten, den voll zersiedelten Teil des Ruhrgebiets und verbanden ihn mit dem Rheinstrom. Erst in allerjüngster Zeit erfuhr das Riesen-Reich der Emscher eine Renaturierung.

„Ödgelände", Umspannwerk und eingezäunte Emscher konnte ich von meinem Jugendzimmer im ersten Stock des Pfarrhauses gut überblicken, zumal ein Erker meinen Blick in gleich drei Richtungen gehen ließ. Rechts vom Umspannwerk wendete die Straßenbahnlinie 1. Sie durchmaß, von Mülheim kommend, das gesamte Duisburg von Süd nach Nord und endete in einer großen Schleife mitten im „Ödgelände". Ich sah die Fahrer die

Züge verlassen, zum Toilettenhäuschen laufen. Dann zogen sie die Bahnen unter leichten Kreisch-Geräuschen wieder vor.

Und vor einer allfälligen Trinkhalle an einem niedrigen Bahnsteig konnten wieder Fahrgäste einsteigen, um die lange Fahrt jetzt von Nord nach Süd quer durch Duisburg antreten zu können.

Mein recht billig furnierter Schreibtisch stand vor diesen Erker-Fenstern. Gardinen gab es nicht, weil meine Mutter sie hasste.

Mit bereits erwähnter Listen-Freude notierte ich, parallel zu den Latein-Hausaufgaben, alle wendenden Straßenbahnen. Ich sortierte sie nach der Art der älteren oder neueren Beiwagen oder notierte das Ausbleiben derselben, legte Wochenprofile an und schrieb auch neue Fahrplan-Entwürfe.

Meine Eltern erwischten mich regelmäßig. Sie zerrissen meine mühsam erstellten Listen. Dies hielt mich nicht davon ab, die Listen unmittelbar danach wieder neu anzulegen.

Mein Lebens- Radius erweiterte sich in diesen Jahren. Mit dem Fahrrad erkundete ich den eigenen Stadtteil. Dann, immer weitere Kreise ziehend, nahm ich den nahegelegenen Oberhausener Norden unter die Reifen, alles fast immer allein.

Ich phantasierte mich meist als Busfahrer, der lange und interessante Kurse mit mal netten, mal frechen Schülern oder mit Arbeitern nach Schichtende zu absolvieren hatte. Auf den Parkplätzen von Coop und Aldi waren Busbahnhöfe, wo ich phantasierten Kollegen den Gruß entbot. Ich entdeckte eine stadträndische Welt. Überall standen dreistöckige, grauverputzte Mietshäuser von

Thyssen-Siedlungsbau, vor denen stets und ständig Autos eingeseift oder geschraubt wurden.

Schließlich tauchten am äußeren Stadtrand Bauernhöfe auf, an welchen ich als phantasierter Fahrrad-Busfahrer nach über einer Stunde Fahrt gerne Pause machte. Ich schaute den Hähnen beim Gockeln und den Schweinen beim Suhlen zu. Dann kehrte ich um, zurück in meine Obermarxloher Wasserburg.

Natürlich fuhr ich jeden Tag mit dem echten Bus zur Schule, zum Leibniz-Gymnasium in Duisburg-Hamborn, in Richtung stadteinwärts. Technisch verstand ich nichts von Automobilen, es interessierte mich nie. Mich interessierten bei den Bussen und bei den Bahnen die Linienführungen. Ich sammelte Fahrpläne und die dicken Kursbücher, die in ihren Sommer- wie Winterausgaben von der lieben Deutschen Bundesbahn nahezu im Bibel-Status herausgegeben wurden.

Ja, ich war viel allein in jenen Jahren.

Neulich fiel mir erst ein, dass ich eingangs der Sommerferien mit dem Band 2 vom Tierlexikon des Deutschen Taschenbuch-Verlags, das über die Vögel ging, mit meiner Straßenbahnlinie 1 quer durch die Stadt in den Zoo am Kaiserberg fuhr. Ich wollte in den Volieren die sich mir zeigenden Vögel mit den Angaben im Lexikon überein bringen. Ich kam nicht weit, denn eine Clique Gleichaltriger entdeckte mich, um mit all ihrem Spott und mit Knüffen über mich herzufallen. Mein Lexikon landete im Staub.

Davon hatte ich in jenen Jahren eine ganze Sammlung, von jener Sorte Prügel. Wobei ich zur Ehrenrettung meiner Gleichaltrigen gleich hinzufügen muss, dass ich manchmal im Bus auf dem Heimweg von der Schule einen Stachel in mir löcken hatte, der sich qua Provokation Prügel abholen ließ. Ich äffte jemand nach oder guckte schräg und zog Schiele-Augen. Oder ich schmiss meinen Tornister gegen die Wand an der Haltestelle. Und irgendjemand fand sich immer, der darauf einstieg, mich knuffte oder schlug, meinen Tornister ausschüttete samt aller losen Stifte und danach einen unlösbaren Knoten in meinen Anorak-Ärmel pflockte.

An der kloaken-ähnlichen Kleinen Emscher, auf dem dortigen Fahrradweg, stellten sich mir einmal drei im Gebüsch auflauernde Mädchen in den Weg. Sie schlugen mir beide Beine weg, knieten auf mir und zimmerten so zielsicher in mein Gesicht, dass mir gewaltig die Nase blutete.

Was dies in seiner Tiefe bedeutete, habe ich erst viele Jahrzehnte später in der Schilderung in einem Roman von Christoph Hein wiedergefunden. Er vermochte eine ähnliche Mädchen-Attacke, dort sogar mit Fahrradkette, samt deren innerseelischer Folgen ungeschminkt zu beschreiben.

Meinem Englisch- und Klassenlehrer in der sechsten Klasse, Herrn Strunk, waren meine Ausfälle, die sich etwa im überbordenden Ausmalen meines Englischbuches zeigten oder auch in all jenen fraglos merkwürdigen, aggressiv-autoaggressiven Attacken, die ein Lehrer eben scheinbar doch mitzubekommen schien, ein Anlass meine Mutter einzubestellen. Er empfahl einen Schulpsychologen, eine für die frühen Siebziger Jahre noch recht ungewöhnliche pädagogische Intervention, für deren reinen Vorschlag ich nachträglich dankbar bin.

Meine Eltern allerdings sahen dies anders. Sie quittierten mein aufgefallenes Fehlverhalten, als ich nach Hause kam, mit einer ordentlichen Tracht Prügel. Mit Hose runter. Es war ein bitteres, aber kein einzelnes Mal.

Meine letzten Prügel bezog ich mit siebzehn Jahren. Da schlug mein aufgebrachter Vater mir seinen Schirm mit voller Gewalt von hinten auf Kopf und Hals. Ich hatte mich als Betreuer auf einer Kinderfreizeit dazu hinreißen lassen, mir meinen Kopf kahl schneiden zu lassen und machte in solcher Kahlheit meinen Eltern offensichtlich Schande.

Ein gemeinsamer Familienurlaub im Schwarzwald stand an, welcher – so der Vater – nur möglich sei, wenn er sich nun vom fürchterlichen, ihm zugefügten Kahl-Schock drei Tage allein auf einer Alpenfahrt erholen könne. Währenddessen hätte ich mit der Mutter noch in Duisburg eine ordentliche Perücke zu erstehen. Was dann auch geschah – eine in der Tat erbärmliche Perücke.

Mein Vater hat in höherem Alter für seine Schläge mir gegenüber um Abbitte gebeten, und zwar gleich zweimal. Beide Male nahm er mich ausdrücklich zur Seite. Er schloss die Tür hinter uns und bat mich sehr stotternd und ein wenig tatsachenverwirrend, aber im Kern gänzlich unüberhörbar und mit fühlbarer Zerknirschung seines Herzens, um Verzeihung für seine Schläge.

Sowohl in jenem Moment als auch in einer seitdem anhaltenden Großflächigkeit warf sich ein Frieden über grauenvolle Stunden, ohne sie auslöschen zu können. Ich weiß, dass mein Vater zu den raren seiner Generation gehörte, die gänzlich ernsthaft um Entschuldigung bitten konnten.

Fast mag es scheinen, als ob alles in der Kindheit und vor allem der anbrechenden Jugend schrecklich gewesen sei. Verrückterweise war dies nicht so. Es war vieles düster, aber es war längst nicht alles dunkel, manches sogar funkelnd.

Die Gymnasialzeit von immerhin neun Jahren zeigte sich in ihren ersten beiden Dritteln, der sogenannten Unterstufe und Mittelstufe, allerdings in markanten Spuren von Beschwernis. Ich war wohl ein ordentlich guter Schüler mit manierlichen Zeugnissen. Dies verschaffte zu keiner Zeit Entspannung, weil alle Noten unterhalb eines „gut" bei meinen Eltern einen strengen und zuweilen auch strafenden Blick erbrachten.

Gewiss gab es Unterrichtsstunden in Deutsch, in Erdkunde, in Geschichte, Englisch, Latein und Religion, die richtiggehend Spaß machten. Getrübt wurde dies durch des Vaters klare Meinung, dass viel zu viele heute zum Abitur durchgefüttert würden. Langfristig würde dies für die deutsche Wirtschaft schwere Schäden bringen.

So begleitete mich bis zum Abitur eine elterliche Spur, dass wir Heutigen alles viel zu leicht bekommen würden. Bei einem Elternabend der achten Klasse forderte meine Mutter sogar, dass es mehr Hausaufgaben geben müsse, um die vermeintlich deutlichen Lücken zu füllen. Am Tag danach erntete ich dafür die versammelte Häme und einen gesottenen Ärger meiner Mitschüler.

Ich gehörte ohnehin nie wirklich dazu, hatte eher mit den randständigen Jungen und sehr wenigen Mädchen der Klasse auf dem Schulhof zu tun. Ich robbte mich altklug an manchen die Pausenaufsicht führenden Lehrer heran und war froh, nicht allzu oft verdroschen zu werden.

Selten fühlte ich mich wirklich zugehörig, weil mir fast aus Versehen ein guter Witz im Unterricht gelang oder ich die richtigen Fußballbildchen zum Tauschen dabei hatte. Oder ein Mitschüler erwies sich dankbar, weil ich ihn in der Pause vor der Lateinstunde schnell noch abschreiben ließ.

Die Horrorstunden waren diejenigen von Kunst und Sport. Es waren die einzigen, die mir mehrere Male die Note „mangelhaft" einbrachten, was zu elterlichen Heran-Zitierungen führte, auch zu Schlägen und zu Wut über meine Unanstelligkeit, wie sie es nannten.

Einmal sperrte mich der Vater in den Keller. Ich sollte das Nageln üben, da mir diese Kunst-Hausaufgabe so schwer fiel: Ein Bild zu erstellen mit Nägeln und Fäden, welches – auch noch dreidimensional – an die abstrakten Skulpturen von Archipenko oder Gabo erinnern solle. Dieser Bild-Erstellung konnte ich selbst unter schwersten Tränen nicht gerecht werden.

Ebenso sperrte mein Vater mich in den Hof, weil ich trotz aller Mühen nicht in der Lage war, mein Fahrrad zu reparieren.

Entweder fand ich das Loch nicht in der grauen Wasserwanne, in welche ich den Schlauch hielt. Oder aber es gelang mir nicht, den aus dem Felgen gefriemelten Mantel wieder an den Felgen glatt heranzubekommen. Alles Stunden äußerster Not und Gottverlassenheit.

Wie auch Kunst-Stunden, in denen ich mit einem immer zu stumpfen Messer in immer zu dünnen Linoleumplatten zu porkeln hatte und fast immer eher ein Pflaster als irgendein anderes vorzeigbares Ergebnis hatte.

Oder Kunst-Stunden mit diesem merkwürdigen Stärke-Geruch beim Kartoffeldruck. Giftgrüne und bläkend blaue Tiegel standen mir auf meinem Tisch im Kunstraum im Weg, so dass ich sie umschüttete, bevor die ungerade geschnittene Kartoffelhälfte die Chance haben konnte, einen Abdruck auf dem Leinenstoff geben zu können.

Der Sportunterricht quälte mich zunächst durch die Wahlen, die vor jedem Fussball- oder gar horriblem Handball-Spiel zu treffen waren. Verlässlich landete ich während meiner gesamten Schullaufbahn auf einem der drei letzten Plätze. Vor dem großen Bock mit seiner harten Ledermacht hatte ich genauso regelrecht panische Angst wie vor dem Stürzen in die Leere unterhalb der Reckstange.

Bei den allfälligen Bundesjugendspielen levelte ich oft genug die Klassen-Ergebnisse ungebührlich herunter durch Purzelbäume, die in der Härte des Turnhallen- bodens landeten statt auf der weichen blauen Matte. Auch das knöchelkrachende Streifen der Barrenstange, bevor ich sackartig auf die nebenliegende Matte plumpste, kos- tete verlässlich die letzte Chance eines Punkt-Erwerbs.

Einzig im schnellen Rennen bei den Bundesjugend- spielen im Schwelgern-Stadion erreichte ich ohne Not eine Ziffer, die in den endlosen Tabellen der Sportwelt zumindest am Rande auftauchen konnte. Zweieinhalb Runden zu laufen auf der ausladenden, weiten Aschebahn unterhalb der aufröhrenden Schwelgerner Hochöfen, dies spornte wohl etwas in mir an, was ich auch auf dem Fahr- rad erreichen konnte, nämlich Ausdauer und so etwas wie eine Furchenziehung.

Schon beim Kugelstoßen hörte diese Freude wieder auf, da ich fast immer den Wurfwinkel zu erdnah ansetzte. Und beim Weitsprung trat ich mit dem Gesetz der Serie über das Absprungbrett hinaus, so dass der gesamte und gar nicht unansehnliche Sprung annulliert werden musste.

Lagen gar der Kunst- und der Sport-Unterricht am Montag, war bereits das Wochenende ab spätestens Samstagabend ruiniert. Ich zählte die Stunden bis zum Horror, malte mir nächtens die Böcke und Reckstangen aus, die zynischen und abfälligen Kommentare der alten (und eindeutig, so sehe ich es heute, nationalsozialistisch geprägten) Lehrer. Hinzu kam die ewige Sorge, ohne die Schere im Kunst- und ohne die dunkelblaue Turnhose im Sportunterricht dazustehen als vollkommen Blankgezogener.

Waren die Unterrichte in den Sprachen und in der sogenannten Geisteswissenschaft leichtgängig für mich zu bewältigen, bedeuteten Mathematik und Naturwissenschaft – für den Vater die „eigentlichen Fächer" – immer einen Angang. Dies fiel vor allem einem alten Physiklehrer auf, der mich zielsicher bei der Unfähigkeit zur Formel-Erstellung in der Mechanik auf dem Kieker hatte. So zitierte er mich die Stufen hinunter ans Pult des Physiksaals, mit scharfer Stimme unter glattem grauem Scheitel. Dort, am Demonstrationstisch vor der Tafel, bereitete er mir eine kapitale Niederlage, die er auf meine Dummheit und Unwilligkeit zurückführte, um mich verachtungsvoll wieder die Stufen des Physiksaals mental hochzuschubsen.

Im Übergang von der Grundschule zum Gymnasium hatte ich für mehrere Jahre drei Jungen und ein Mädchen, die ich als Freunde bezeichnete, mich nachmittags mit ihnen traf, Fußball spielte, Fußball-Bildchen tauschte. Selbstverständlich war ich der erste, der abends wieder reinmusste und der letzte, der nach den Hausaufgaben raus durfte. Ich glaube, dass es da schöne und spielversunkene Stunden gab in den Gebüschen rund um das Ödgelände an der Kleinen Emscher oder in den jeweiligen Gärten des schnöden Pfarrhauses oder der kleinen Kolonie-Häuser. Ich erinnere mich an unschuldiges Plappern im Regen in einem offenen Holzverschlag, den der Vater eines dieser Freunde für seine Kinder im Garten gezimmert hatte. Ich erinnere mich an die ersten Witze und vorpubertären Anzüglichkeiten. Einen Sommer lang gab es sogar ein tägliches Fußballturnier von vier Klein-Mannschaften aus der Nachbarschaft, wo ich nicht gewählt werden musste, sondern gesetzt war und sogar regelmäßig zwischen den als Torstangen gemeinten Ziegelsteinen stand auf der ausgewetzten Grasnarbe.

Allerdings bildete sich in meiner Seelenwelt nichts, was bleibend an Freundschaft erinnert. Während der Kernzeit der Pubertät gab es schlicht niemanden. Im Alter von 17 Jahren, davon später, sollte sich dies allerdings ändern. Davor war viel Ödnis.

Es gab da noch den Kindergottesdienst am Sonntag. Ich gehörte ab meiner Konfirmation zum von der Mutter als Pfarrfrau streng und klar geführten freitäglichen „Helferkreis", der die sonntäglichen Kindergottesdienste vorbereitete.

Ich hatte nun sonntags, im Anschluss an das Singen in der Kirche der ganzen Kinder-Gemeinde, in einem kahlen Gemeindehaus-Raum eine Gruppe von rund zehn Kindern der dritten Klasse eine knappe Stunde lang zu unterrichten und zu bespaßen. Mit ihnen malte ich den „Verlorenen Sohn" (ausgerechnet …) oder spielte, spontan gekleidet in Vorhangstoffe, wie Josef und seine Brüder (aha …) miteinander bis aufs Blut stritten und sich wieder vertrugen.

In der Gruppe des freitäglichen Helferkreises kam mir als Mutters Sohn natürlich eine Rolle sowohl zentral als auch vollkommen am Rande zu. Bei den jährlichen Ausflügen meiner Eltern mit dem Helferkreis ging es meist in ein Museum und danach in eine Pommesbude; dabei saß ich meistens an der Seite.

Rückblickend laufen mir Schauer der Peinlichkeit über den Rücken wegen jenes familienunternehmerischen Gebildes „Kindergottesdienst". Gleichzeitig gehörten jene Stunden zu den nicht eben üppigen Inseln jener frühen Jugendjahre, wo etwas auch „gut" lief.

Und, es lässt sich nicht leugnen: Dass mir hier die starken Geschichten der Bibel wie Rembrandt-Bilder in die Seele geprägt wurden, davon zehrte ich ein Leben lang.

Eher weniger gut waren freitägliche Nachmittagsstunden mit dem schulischen Flötenkreis, dessen Besuch meine vollkommen unmusikalischen Eltern für notwendig erachteten. Ein liebenswürdiger, spätverheirateter vormaliger Priester dirigierte im Musiksaal, während die Putzfrauen schon laut das Treppenhaus wienerten. Ich konnte dort immer schwerer verbergen, dass ich meine Alt-Flöte, ab den Achteltönen und unterhalb des tiefen „d", schlicht nicht mehr beherrschte und zu allerlei Mimikry zu greifen hatte. Dies war vor allem notwendig während der Vorspiele bei Seniorenweihnachtsfeiern im Stadtpark-Restaurant oder bei Elternabenden in der Aula, wo jeweils auch gut geputzte Schuhe und ein frisches Hemd gefordert waren.

Anders zu erwähnen bleibt der donnerstägliche Schulgottesdienst, der von Pfarrer Abel in der Aula gefeiert wurde. Merkwürdigerweise verbinde ich diese halben Stunden mit Wärme, weil der kleine elefantenbeinige Kurt Abel Witz hatte, wie er auf der Bühne vor der Aula-Orgel stand und pointiert erzählen konnte.

Mich zog er früh heran, die Fürbittgebete für den Schulgottesdienst zu schreiben. Er übernahm sie wenig korrigiert und forderte mich früh auf, sie vor der Schulgemeinde laut vorzutragen.

Kurt Abel war noch Soldat geworden und für lange junge Jahre in russische Kriegsgefangenschaft geraten. Er kam aus einer von ihm immer geehrten Duisburger Arbeiterfamilie. Ein Mensch, der mir noch wichtig werden sollte.

Die Jahre bis etwa 16 bedeuteten für den kleinen schielenden Jungen und den stolpernden, verknoteten Pubertierenden viel Not und Arbeit, mit einigen lichtvollen Inseln. Wobei, so logisch dies klingt, aber nie ist: Es gab immer genug zu essen, ein warmes Dach und eine familiäre Ordnung. Je älter ich werde, umso mehr steigt die Dankbarkeit für diejenigen, die genau dafür gesorgt haben.

Der kleine schielende Junge las viel. Schon als Kind gab es zunächst die allfälligen Bilderbücher. Ein französisches mit einem Jungen und seinem roten Luftballon macht das einzige aus, was noch in meinem Regal steht. Dieser Ballon ist des Kindes schönster Gefährte. Überall, bei allen Fahrten und Gängen durch Paris kommt der Ballon mit.

Eines Tages wird er dem Jungen arglistig geklaut von einer ganzen Bande von anderen Jungen. Aber natürlich geht es gut aus, am Ende.

Und dem einen roten Ballon folgen dann, einem Sternenschweif gleich, ganz viele andere, die den Pariser Himmel füllen und reich machen.

Dann kamen die gesamte Sandmännchen-Literatur und erste eigene Schreibversuche. Einmal schickte ich dem WDR eine solche Geschichte und erhielt sogar eine nette, schreibmaschinengeschriebene Antwort.

Es folgten das Gesamtwerk von Enyd Blyton und Otfried Preußler sowie endlos viel, was ich schlicht vergessen habe. Nicht vergessen habe ich den Geruch der Stadtbibliotheken, jenes Gemisch aus Buch und Bohnerwachs, zunächst in Obermarxloh in der Blissestraße.

Freundliche ältere Frauen freuten sich ehrlich, wenn ich wöchentlich meine Stapel wechselte.

Fast täglich vertiefte und versenkte ich mich auch in Karten. Das begann, wie schon erzählt, in frühen Kinderjahren. Der verknotete Pubertierende setze das fort. Zwei Regalbretter füllten sich außerdem mit den Kursbüchern der Deutschen Bundesbahn und mit den Straßenbahnfahrplänen aller umliegenden Städte. Später erfand ich die Städte „Klingen-Gemünd" und „Steinborg" (ganz genau, ehrlich gesagt, erinnere ich die Namen nicht mehr). Ich heftete selbstgemalte Stadtpläne von jeweils drei mal drei Meter an die Wand, wo bei vielen anderen die Bravo-Poster hingen.

Ab dem 14. Lebensjahr erweiterte sich meine Lesewelt mit derjenigen der Romane. Den Anfang machten Hans Fallada und Carl Zuckmayer. Und sogar Gabriele Wohmann. Vieles fand sich in den elterlichen Buchregalen. Ab dann ging es los mit den Stapeln aus der jetzt größeren Stadtbibliotheks-Filiale am Hamborner Altmarkt.

Vor allem: Bereits in sehr jungen Jahren haben meine Eltern mich in Museen mitgenommen, eine für Kinder und auch Jugendliche in der Regel nervtötende Angelegenheit. Meine Eltern hatten ein breites Interesse für Kunst, von der Urgeschichte bis zur allermodernsten

Malerei und Skulptur samt Fluxus und Land Art. Sie verfügten über eine exzellente kunstgeschichtliche Bibliothek. Mit deren besten Werken konnte sie nach dem Auszug aus ihrer letzten Wohnung umgehend zur Handbibliothek eines Kunstklassenraums in Mönchengladbach werden, in welchem seither Abiturjahr für Abiturjahr ein Kunst-Leistungskurs aufwächst …

Ich erinnere mich an kindliche Fahrten in die Museen von Köln und Düsseldorf sowie in das Lehmbruck-Museum in Duisburg. Heute weiß ich, dass sich in diesen Jahren genau dort wie kaum sonstwo die europäische aktuelle Kunst ereignete, an der Rheinschiene, mit weitem Blick nach Westen.

Ich erinnere frühe Begegnungen mit den Werken von Andy Warhol und Robert Rauschenberg im Kölner Wallraff-Richartz-Museum. Die Eltern fanden diese Werke „interessant"; und ich empfand als etwa Neunjähriger die berühmten Siebdrucke Warhols schlicht als „schön farbig". Die Assemblagen von Hölzern, Fotos und Metallteilen, die Rauschenberg schuf, erlebte ich als Wimmelbuch-Bild, auf dem herrlich viele Details zu entdecken waren. Ich erinnere, als ich etwa elf Jahre alt war, einen mystischen Wald, den der wundervolle Paul Thek im Souterrain des damals noch neuen Lehmbruck-Museums aufbaute. Unter Palmwedeln und im Gewirr labyrinthischer Möbel erklang ätherische Musik und zauberte mich buchstäblich in eine „Kunstwelt" hinein. „Krippe" hieß dieses Kunstwerk und passte komplex in die Welt meiner eigenen Seele als auch in die meiner Eltern.

Das Buch „Bis heute" der genialen Kölner Kunstgeschichtlerin Karin Thomas mit ihrer herausragenden Darstellung der damaligen Gegenwartskunst bekam ich von meinen Eltern zur Mittleren Reife geschenkt. Es erhielt bei mir den Status eines Kursbuches und wurde fast täglich beblättert.

Pop-art schrillster Art hing, seit ich sehen konnte, in Plakatform in der elterlichen Küche: Ein Roy-Lichtenstein-Comic, die Warhol'schen Brillo-Kartons und die Kölner Gipsskulptur eines gebeugten Mannes vor einem blinden Fenster, welche George Segal geschaffen hatte.

Das Berühmtwerden von Beuys, immerhin ja auch Niederrheiner, habe ich recht nahe erleben können, schon eher als Jugendlicher, als ich im Krefelder Kaiser-Wilhelm-Museum vor einer ganzen Regalwand von Hirschknochen, Pflastern und Öltiegeln stand.

Meine Eltern zwangen mich noch lange mit in den Urlaub. Allerdings säten sie auch Bilder, die erst später aufgingen. Dazu zählt die klassische Winterfahrt, die immer am Neujahrsmorgen früh begann und ab meinen Pubertäts-Jahren mit dem Zug nach Frankreich ging.

Dort wurden romanische und gotische Kirchen besucht wie etwa im burgundischen Vezelay oder Autun. Fast immer waren wir dort allein, nur mit dem eigenen eisigen Atem unter Kapitellen und Gewölben von Weltrang.

Immerhin, fast erstaunlich, genossen meine mit Aldi lebenden Eltern mit mir anschließend die mindestens dreigängigen französischen Mahlzeiten, die schon einfache Landgasthöfe zu bereiten verstanden.

Auf Romanik und Gotik war ich genauso vorbereitet worden wie auf Gegenwartskunst:

Mit knapp 14 Jahren gaben meine Eltern mich einer Jugend-Studienfahrt des Rheinischen Landesmuseum Bonn mit, die entlang des Rheins von Maria Laach bis

Straßburg Romanik und Gotik zum Thema hatte, zwei ganze Wochen lang.

Es waren Bonner besterzogene Beamtenkinder, meist zwischen 14 und 18 Jahren. Ich war der Jüngste, ein wenig vorlaut und zuweilen fehlplaziert, aber dann wieder begeistert im Zeichnen vom Freiburger Münster oder der karolingischen Torhalle von Lorsch. Da saß ich mit Plastikbrille, Topfschnitt und kariertem Kunststoffhemd im Kreise von Godesberger Ministerialen- und Professorenkindern. Ich schlürfte abends im Restaurant eine Spezi (die es zu Hause nie gab), machte eine dumme anzügliche Bemerkung, die von deutlich älteren Mädchen ärgerlich und klar weggebügelt wurde. Ich rettete mich ins Klappehalten und ins Zeichnen.

Natürlich war es schon damals wenig zeitgemäß, wenn ein ganzer Bus voller Jugendlicher sich vor dem Straßburger Münster ausschüttete als Studienfahrt. Da wurde minutiös in der Gruppe um die Kathedralen gegangen und es wurden genaueste Bauform- und Tragwerk-Analysen vorgenommen. Und gleich danach hatten die Zeichenbretter ausgeklappt zu werden, um über mindestens zwei Stunden mit guten Bleistiften eine aussagefähige Perspektive einzufangen.

In jenen Jahren um 14 begann ich auch mit der Zeitungslektüre, mit „Spiegel" und „Zeit". Politisch las ich deutlich weiter links als meine Eltern, die auf dem bekannt weit rechts liegenden Flügel der Helmut-Schmidt-SPD und später wohl in der CDU zu Hause waren. Vaters Leibpostille war zeit seines Lebens die „Frankfurter Allgemeine".

Heute mutet es mir kurios an, dass ich erst 1979, als ich gemeinsam mit meiner Mutter im Fernsehen

„Holocaust" sah, von der größten Katastrophe und Schuld der deutschen Geschichte wirklich erfuhr. Sie schaute es sich mit mir in Gänze an, mein Vater nicht.

2 Dichter und Raketen

Mit 16 und 17 Jahren öffnete sich mir eine neue Welt. Die Knoten der Pubertätszeit fielen ab. Auf einmal gab es Freunde, später Freundinnen. Auf einmal strömte es – und brach es auf.

Immerhin blieben die Eltern präsent, auch in ihrer Verschrocktheit.

Sture Regel blieb es bis zu meinem Auszug kurz nach dem Abitur, um halb elf oder allerspätestens elf Uhr abends zu Hause eintreffen zu müssen. Dann erfolgte der Gebäude-Umschluss des Vaters, der etwa eine Viertelstunde dauerte. Das mehrfache Schließen und Kontrollrappeln sämtlicher nach außen führender Türen und Erdgeschossfenster hallte durchs Haus. Dabei durfte man meinen Vater in keiner Weise ansprechen oder aufstören.

Aber ich selber wollte auch nicht aufgestört werden. Ich begann, wie viele in jenem Alter, Gedichte zu schreiben. In der Oberstufe hatte ich das seltene Glück, auf nacheinander zwei Deutschlehrer zu treffen, die deutlich vor dem endlosen Analysieren irgendwelcher fremder Texte das Verfertigen-können von eigenen Texten als Hauptaufgabe guten Deutschunterrichts ansahen. Sowohl Schubert, der ein Auge auf Abiturientinnen pflegte, als auch Schneider, dessen Stirn verblüffend derjenigen eines Neandertalers glich, mochten mich. Ausgerechnet mich halb vertrockneten, halb naseweisen Pickeljungen-Schlacks, der in karierten Hemden von C&A und unmodischen Hosen steckte sowie in von der Mutter selbstgefertigten Mischfaser-Strickjacken.

Schubert und danach Schneider lebten als Theatermenschen, Schneider auch als einer der beiden bekennenden Linken im ansonsten konservativen vormaligen Jungengymnasium. Dessen von der umgebenden Thyssen-Industrie geprägte Klientel sah hauptsächlich in den „echten Realien" Sinn und Zweck von Bildung.

Schubert ließ uns Elftklässler textlich stundenlang an der Beschreibung feilen, was uns „Glück" bedeute. Er legte Wert darauf, „Glück" ohne jede philosophische oder gar religiöse Unterschleifung zu beschreiben. Stattdessen hatten wir genau und ohne Klischee von Blumenarten, Wolkenformen, Gesichtsmuskeln zu reden – um an mindestens einer Stelle eine ehrliche Irritation, eine ernstgemeinte Frage oder einen entlarvenden Witz unterzubringen.

Schubert, kinnbärtiger Ästhet, der auch Biologielehrer war, kam zwar aus dem gepflegten Mülheimer Süden täglich in seinem blauen Alfa Romeo ins raue Hamborn, pflegte aber nichts von Dünkel und sah sich allein einer kompromisslosen und genauen Sprache verpflichtet.

Schneider mochte die expressionistische Lyrik von Georg Heym und Georg Trakl. Er deklamierte sie, mit laut rauchiger Stimme. Dabei schritt er dramatisch durch den Mittelgang, was die meisten von uns erstaunlicherweise nicht peinlich fanden. Denn Schneider war wirklich eine Erscheinung und eine Stimme – und außerdem mit herr-

lichem Selbstabstand gesegnet. Über niemanden hat
Schneider mehr gelacht als über Schneider. Aus dieser
Gestimmtheit heraus animierte er uns Elftklässler, Heym
und Trakl gleichsam selbst-dichtend zu antworten. – Alles
was wir vortrugen, zunächst bei Schubert, danach bei
Schneider, wurde von beiden auf eine humorvolle Weise
todernst genommen. Die pädagogische Untugend der
Beschämung lag ihnen vollkommen fern. Sie waren ehr-
geizige, zuweilen sogar puschende Förderer. Jedes Stottern
über „Glück", jedes metapherntrunkene Annähern an den
auf dem Havel-Eis ertrinkenden Georg Heym wurde
ernsthaft aufgegriffen. Jeder ungehobelte Satz wurde kun-
dig auseinandergenommen, um schließlich in eine aus-
drückliche Ermutigung zum Weiterschreiben zu fließen.

Schneider, zuvor Stahlarbeiter und ansonsten bärtig
wie Marx, führte in das Geschäft des Schreibens auch
dadurch ein, dass er schreibende Menschen aus Duisburg
in die Klasse einlud und uns Schüler ermutigte, diese mit
Fragen zu traktieren. Einen echten Sponti aus dem
Jugendzentrum „Eschhaus" lud er ein, der sich, während
er vorlas, seine Zigaretten drehte und seine wilden Road-
movie-Poeme eher vorsang als vorlas.

Sigrid Kruse, eine leitende Bibliothekarin mit an Inge-
borg Bachmann geschulter Poetik und mit ellenlangen
blonden Haaren, trug uns vor.

Während wir noch tuschelten, ob die Kruse wohl die
Geliebte vom Schneider war, beschämte sie uns mit einer
Literaturkenntnis, welche selbst diejenige unseres
Deutschlehrers in den Schatten stellte.

Daraus erwuchs über viele Monate sogar ein Publi-
kationsprojekt namens „Duisburgische Anthologie". Diese
wurde auf dem Hardcover geziert mit einem Gedicht des

in Duisburg aufgewachsenen und maturierten Heiner Feldhoff, den Schneider ebenfalls mit Erfolg in unsere Klasse einladen konnte:

> *„Ich möchte gerne/ nach Auschwitz/ Gedichte schreiben./ Nur kenne ich keine/ genaue Adresse. So schreibe ich lieber/ nach Duisburg./ Da weiß ich,/ daß mein Schreiben/ auch ankommt."*

Die Bedeutung jenes Gedichtes habe ich damals nicht annähernd verstanden.

Schneider bat ausgerechnet mich pickelgesichtigen Strickjackenjungen samt einer Mitschülerin, in welche ich damals unsterblich verliebt war, die Herausgabe der „Anthologie" zu sichern. Denn es mussten die abzudruckenden Dichterinnen und Dichter kontaktiert und um Druck-Erlaubnis gebeten werden. So saß ich bei Sigrid Kruse auf der Wohnzimmercouch in Großenbaum, gab ihr auch meine eigenen Schreibversuche zu lesen. Deren Grenzen konnte sie mir freundlich und souverän aufzeigen, doch ging ich in keiner Weise des Schreibens entmutigt aus ihrer Wohnung.

Auch saß ich bei einem manierlichen Rheinhausener Arbeiterdichter.

Er erzählte mir zwischen seinen Rothändle-Zigaretten von Walzwerk-Szenen, die ich nicht im Geringsten verstehen konnte.

Im Fluss all der Dichterbesuche lernte ich schließlich Jens Heisterkamp kennen, aus Duisburg-Meiderich. Er schrieb romantische Gedichte, studierte in Bochum Philosophie, hatte sich der Anthroposophie genähert. Ausgerechnet mich wollte er dabeihaben, als er am 1. Januar 1980 in einer kleinen Galerie „Tadeusz" im rußigen

Untermeiderich eine „Freie Schule" ins Leben rief. Hier wollten wir sonntags all das gemeinsam lernen, was an öffentlichen Schulen nicht zu lernen war. Wir waren nicht mehr als fünf Menschen an jenem Neujahrsmorgen; wenige Wochen später waren es mehrere Dutzende.

In den einenhalb Jahren zwischen diesem Neujahrsmorgen und meinem Wegzug nach dem Abitur sprang mir endgültig jener Riegel auf, der mich während dunkler Jahre ins Menschenscheue abgedrängt hatte. Bereits Schubert und Schneider hatten kräftig vorbereitet durch ihren Deutschunterricht. Nun badete ich regelrecht in Menschen, in Ideen, in Gesprächen, in Teerunden.

Bei den Treffen der „Freien Schule" sammelten sich eng an eng in der Meidericher Galerie meist Oberstufenschülerinnen und -schüler aus der ganzen Stadt. Es war buntes Volk, das kräftig zu diskutieren verstand, aber auch Lust hatte zu Vorträgen und Referaten mit einer Ernsthaftigkeit, die nicht streberhaft war. Um die Realität des Geistes ging es, um neue Sozialformen, um Windenergie statt Atomkraft, um einen komplexen Begriff des Weltfriedens.

Ach, es ging immer um alles. Und durchaus auch um Flirt und Liebe, um Tiefe und Verzweiflung, um viele Briefe und Telefonate zwischen den wöchentlichen Treffen. Sommers setzten sich die Treffen der „Freien Schule" im nahen Stadtpark fort, wo im großen Kreis die Gitarre herausrückte.

Wie bei solchen Gruppen üblich entstanden Fraktionen und Spaltungen. Es gab die Politischen. Es gab die Anarchistinnen. Es gab die Rimbaud-Gruppe. Auch bekennende Jesus-Menschen wie längerjährige Buddhisten stießen hinzu. Das strenger Philosophische der

Anthroposophie, was einige aus der „Freien Schule"
immer gezielter aufgriffen, bildete nicht meinen innersten
Kern.

Zeitgleich, sehr zeitgleich glühte die westdeutsche
Friedensbewegung hoch. Donnerstagabends ging ich
gemeinsam mit einem Klassenkameraden ins Marxloher
Jugendzentrum zur „Friedensgruppe". Etwa zehn Frauen
und Männer, eher älter als wir und schon lange politisiert
aus den 68er Jahren, saßen um die Resopal-Tische; fast
alle rauchten. Wir wollten, ganz ohne Ironie, die Welt
retten. Dazu mussten wir zunächst auf der Einkaufsstraße
Unterschriften sammeln gegen die Stationierung US-
amerikanischer Pershingraketen. Dies gelang mit ausdrücklich mäßigem Erfolg. Die spöttischen Abwertungen
durch die windjackigen oder schirmbemützten Passanten
kamen reichlich. Allesamt gaben sie vor, „den Russen" –
im Gegensatz zu uns Naseweisen – zu kennen und ihn
unter keinen Umständen bei „uns" haben zu wollen.

Hinzu kam meine Mitarbeit in einer Solidaritäts-
gruppe mit El Salvador, damit ich zumindest an einer
Stelle solidarisch mit der damals so genannten „Dritten
Welt" mich zeigen konnte. In El Salvador führte eine von
den USA unterstützte diktatorische Familie einen bluti-
gen Bürgerkrieg gegen das eigene Volk. Mit einer Studentengruppe berieten wir, welche Aktionen richtig sein
konnten. Ich lernte wieder neue Kreise kennen, zu denen
Menschen gehörten, die längst schon dort „im Süden mal
gewesen waren" und buchstäblich anders rochen.

Vor lauter Aufregung fiel mir bei der Diskussion ein
großer Zuckertopf in einer rumpeligen Hochfelder
Studentenwohnung um und brachte die ganze Runde
zum ärgerlichen Knirschen ob meines Ungeschicks.

Dafür fuhr ich dann zur Parallelgruppe nach Köln, um Plakate abzuholen. Ich saß dort zum ersten Mal in meinem Leben in einer Wohngemeinschaft, in einer Ehrenfelder links-alternativen Seitenstraße. Ich sah mich zwei bildhübschen Frauen gegenüber, die natürlich keinerlei Auge für mich hatten und mir müde ein rotes Revolutionsheftchen in die Hand drückten.

Mit der Duisburger Gruppe wollten wir schließlich, so das Ende der Diskussion, über die Königstraße marschieren, mit Plakaten bewaffnet und in Form eines Schweigemarsches. Dieser sollte von mir im mächtigen Polizeipräsidium an der Düsseldorfer Straße beim dafür zuständigen stellvertretenden Präsidenten eigenhändig angemeldet werden.

So kam ich in den Sesseln der Stuhlecke seines verrauchten, gummibaum-verstellten riesigen Dienstzimmers zu sitzen. Dieses Dienstzimmer verschreckte mich so sehr, dass ich meine Anmeldung zunächst nuschelig vortrug, so dass er statt „Schweigemarsch" „Schweinemarsch" verstand. Mächtig schenkelklopfend wieherte er seine Kollegen herbei, um endlich in Gesten größtmöglicher Jovialität eine der raren Demonstrationen jener Zeit genehmigend durchzuwinken.

Er versah die Genehmigung mit der mahnenden Einschränkung, dass wir nicht im unmittelbaren Hauptstraßen-Bereich zu marschieren hätten, sondern an den Bretterzäunen der damaligen U-Bahn-Baustelle entlang.

Einige Tage später saß ich bei demjenigen Mitglied der „Freien Schule", der zu den älteren und nicht-akademischen gehörte: Ein von vielen Frauen umworbener Schreiner und Kungfu-Lehrer, der Harmonie und Kraft lehrte. Mit einem enormen Kreuz und einer entwaffnenden Herzlichkeit gesegnet, warf er dem pickeligen Pfarrersjungen Fragen an den Kopf, die jenen vollkommen außer Gefecht setzten.

Denn weder körperliche Spannungs- und Entspannungs-Erfahrung kannte ich wirklich, noch die Frauen, als ich im 16. Stock seines Hochhauses mit meiner Jasmintee-Tasse im verkrampften Schneidersitz ihm gegenübersaß. Von seiner riesigen, selbstbemalten Buddha-Figur im Rücken wusste sich mein Gegenüber getragen und erkraftet. Und natürlich faszinierte mich das und sehnte ich mich nach genau solcher Ent-Spannung.

Ganz fremd war mir dies als Frage nicht mehr. Denn auch der bereits erwähnte Kurt Abel, mittlerweile mein Religionslehrer (und letztlich Schirmherr meines Studiums), lehrte Meditation.

Er kam auf seinen legendären hurtigen Elefantenbeinen und mit zusammenklappbaren Meditations-Bänkchen unter dem Arm in den Abitur-Kurs „Religion". Er meinte, über Religion solle man erst reden, wenn man Erfahrung damit gemacht habe, welche auch immer. Und mit Atmen finge alles an im Leben.

So viele Anfänge …

Eines Tages, durch Schneider vermittelt, saßen in der Schul-Aula drei veritable Mitglieder des „New Yorker Living Theatre" im Rahmen von deren Europa-Tournee. Sie sollten mit einigen wenigen Interessierten ein Workshop-Wochenende gestalten. Die Namen der Mimen habe ich vergessen. Sie kamen für mich aus einer bis dato unbekannten weiten Welt, gaben sich zugewandt und – auf wieder andere Weise – völlig entspannt. Sie lachten und fanden alles gut, was wir da gemeinsam entwickelten an spontanen Gesten, an Bühnen-Sprüngen. Wir schufen in Windeseile Kostüme aus alten Jacken und Hosen. Und zum Ende des Workshops gingen wir mutig geschminkt (ja, auch ich!) in unseren gewagten, knallbunten Kostümen auf die Hamborner Einkaufsstraße. Ich weiß nicht mehr, was wir thematisch spielten. Das war vermutlich auch nicht wichtig. Sondern das Springen, das „Einfrieren von Gesten" und dann wieder das Springen.

Sicherlich erfuhren wir auf der Einkaufsstraße nur höchst gedämpften Publikums-Erfolg. Aber lange hallten diese Auftritte in den eigenen Knochen nach.

Fotografiert hatte unseren Auftritt Sigurt Gottwein. Er war Referendar für Kunst. Später lud er einige von uns zu sich nach Hause in eine urgemütliche Kate hoch auf dem Niederrhein, bei Emmerich.

Nie hätte ich es zwei Jahre vorher für möglich gehalten, ausgerechnet im Kunstunterricht glücklich zu sein.

Sehr spät stieß ich auf Musik, lernte die heroische Joan Baez kennen als auch die dunklen „Doors". Ich verfügte selbst über kein relevantes Abspielgerät, da ich nur ein altes Radio besaß, mit welchem ich Jahre zuvor den Live-Schaltungen der Bundesliga gefolgt war. Nun saß ich auf den Fußböden mancher neugewonnener Freunde und wippte in den Bässen bemüht gelassen hin und her. Eine Diskothek zu besuchen oder eine Party zu feiern, kam für mich auch in dieser enorm vitalisierenden Zeit nicht infrage, weil es mir schlicht nicht im Blut war.

Dafür las ich, soviel ich konnte. Hermann Hesse hatte ich in einem blauen achtbändigen Schuber erstanden. In einer meiner Parka-Taschen hatte ich immer einen der Bände zur Hand. In langen Straßenbahnfahrten quer durch Duisburg erledigte ich auf den harten Sitzen zunächst die Lernaufgaben für das anstehende Abitur.

Danach vertiefte ich mich unmittelbar in die kloster-
kennende und schließlich klostersprengende Welt des
großen Freigeistes.

Draußen vor dem Fenster zogen die rauen Ziegel-
mauern vorbei.

In Duisburg trennten meist Mauern die Stadtteile
voneinander. Jene Ziegel-Schluchten wurden durch reich-
liche Rohre überwölbt, von denen einige an den Nähten
mächtig dampften. Im rechten wie schrägen Winkel und
zuweilen auf gleich zwei Ebenen führten auch Brücken
über die Schluchten. Von darüber fahrenden Werksbah-
nen kam regelmäßig das Gezische aus heißglühenden
Pfannen-Wagen, die vom Hochofen zum Walzwerk
gezogen wurden.

Die Spannung von Hesse mit Thyssen konnte ich
durchaus spüren, auch mit heftig schlechtem Gewissen ob
meiner Privilegierung, dass ich lesen durfte, während
andere zu schuften hatten.

Das schlechte Gewissen hinderte mich nicht an der
Idee, Kunstgeschichte zu studieren. Dies war durch die
reichlichen Museumsfahrten meiner Eltern inspiriert,
von ihnen aber wegen der, wie es hieß, schlechten beruf-
lichen Aussichten skeptisch bewertet.

Schließlich entschied ich mich zum Theologie-
studium – auf dem Klo eines Jugendheims in Westerland
auf Sylt. In diesem Jugendheim war ich, gemeinsam mit
zwei herrlich normalen rauchenden biertrinkenden Ehe-
paaren, als Juniorleiter einer Sommerfreizeit des Evangelischen Jugendwerkes beigesellt. Ich badete im Strand-
leben als auch in spontanen Theater-Szenen, die ich mit
den fünf bis zehn Jahre jüngeren Kindern mitten auf der
Westerländer Friedrichstraße zum Besten gab. Auch hier

weiß ich nicht mehr, was wir thematisch auf die Straße gebracht haben. Stattdessen sehe ich einen aufgeregten Pulk geschminkter Duisburger Kinder in wehenden Gardinenstoffen, die vor einem Fischrestaurant mit einem Kassettenrecorder saßen und sich dazu bewegten. Und ich war mittendrin und glücklich.

Neben der fast explosiven Menschen-Kennen-Lernung dieser Jahre stand ich auch gerne allein. Aber nun anders „allein". Dies zeigte sich etwa auf einem Marsch über die niederrheinischen Feldwege zwischen Orsoy und Rheinberg. Mit der Walsumer Rheinfähre war ich hierhin übergesetzt über den breiten Strom, wo dieser die Schwelle vom Ruhrgebiet zum Niederrhein überschritt, oder besser: überfloss.

Ich entfernte mich von den zunächst noch grummelnden Industriegeräuschen Schritt für Schritt, strich an geduckten schwarzgemauerten Höfen mit den drei Linden vor der Tür vorbei sowie kilometerlang an Weiden, die in ihrem eigenen Grün badeten.

Schließlich kam ich zu den doppelten Pappelreihen des stillen Rheinberger Altrheinarms. Laub raschelte silbern. Und ich empfand, dass alles, ja – dass alles richtig sei.

Ähnliches hatte ich auf einer Reise im Schwarzwald erlebt. Dort näherte ich mich – Hesse immer dabei – alleine dem fichtenen Waldrand. Die frühsommerliche Abend-Dämmerung leuchtete auf und dann aus. Und als Duisburger fiel ich ins Staunen, dass nichts außer dem Wind und den Geräuschen des eigenen Ohres zu hören war. Nichts – und alles.

Manchmal überkamen mich solche Momente auch mitten im Gewoge von Duisburg. Ich stellte mich sogar bewusst darauf ein, just im Gewoge darauf zu stoßen. Etwas in mir war herangewachsen, das mir sagte, dass keinesfalls einzig das gemeinhin als „schön" Bezeichnete das evident Schöne sei. An den Brombeerhecken eines Bahndamms in Beeckerwerth etwa zeigte es sich. Zwischen aufgelassenen Kleingärten und einem von der neu hinzukommenden türkischen Bevölkerung wild hingestellten Sesselgruppe rund um einen schiefen Grill – auf einmal zeigte es sich.

Mein Bruder Rolf dagegen war mir in diesen Jahren fern und fremd. Ganz selten sah ich ihn. Er war älter geworden, ohne ruhiger geworden zu sein. Er hopste und schrie weiterhin, wobei deutlicher eingesetzte Medikation ihn zugleich umnebelte als auch öfter ins Stolpern brachte.

Während der kurzen Besuche, meist schon ohne den Vater, gingen die Mutter und ich mit Rolf in die „Orgelpfeife", ein neu errichtetes Anstalts-Café. Im rauen Ton wurden riesige Käsekuchen-Stücke auf den Teller geklatscht und Gläser mit Apfelsaft-Schorle verabreicht.

In zeitüblich hölzerne Sitzecken verzog man sich. Das Café erbte den Platz des vormaligen Betsaals, weil ein neuer Mehrzweckraum entstanden war, in dem nun die Gottesdienste stattfanden. Die nicht mehr benötigten Orgelpfeifen des alten Betsaals seufzten nun an den rauverputzten Wänden aus. Im Laufe der Jahre nahmen diese Pfeifen alle Ausdünstungen der Cafeteria an.

Rolf war mein Bruder. Er saß da, spachtelte Käsekuchen, stürzte die Apfelsaft-Schorle hinunter. So wie ich.

Einerseits fand ich es normal – wie mir damals schien –, dass alle Menschen schwerbehinderte Geschwister haben. Und zugleich wollte ich weg von dem allen.

3 Kränze und Käfige

Am 1. August 1981 brachte mich meine Mutter auf
Gleis 4 des Duisburger Hauptbahnhofes. Im nach Passau
führenden D-Zug, mit zwei überfüllten, noch von der
Flucht des Vaters stammenden Koffern sowie einem
braunschwitzigen Rucksack reiste ich bis Fürth in Bayern.
Hier stieg ich um in einen silbernen Nahverkehrszug
nach Erlangen.

Durch dessen hugenotten-gerade Straßen voller zwei-
stöckiger Sandsteinhäuser hievte ich mein Gepäck ins
Doppelzimmer eines Wohnheims. Vom ziemlich rechts-
extremen Theologen Werner Elert hatte das alteingeses-
sene Wohnheim seinen Namen.

Unter der Mansarde, wo jener Theologe angeblich mit
seinen Dämonen gerungen haben soll, bezog ich mein
Bett in einem schlichten Doppelzimmer.

Im abschüssigen, langen Garten jenes Wohnheims
führte ein Trampelpfad zum Flüsschen Schwabach. Unter
hohen Kastanien brach sich das Abendlicht.

Mein Theologie-Studium begann.

Ich lernte vom ersten Tag an und in einem Sommer-
Ferienkurs Hebräisch. Und gleich darauf Griechisch. Ich
lernte fassungslos viele neue Menschen kennen, zusätz-

lich zu den Duisburgern, mit denen ich nächtelange Briefe austauschte.

Bereits nach etwa zwei Wochen Studium aber packte mich ein tiefer Graus, der gewiss nicht an der faszinierenden hebräischen Sprache lag: Ich fürchtete vielmehr, bis ans Lebensende auf den pfarrerlichen Weg festgenagelt zu sein.

Ich hatte Luise Rinsers Roman über Franz von Assisi gelesen. Der Traum, die Vision eines gemeinschaftlichen, einfachen Lebens mit all dessen Provokationen und all dessen Glück, er holte mich nach zwei Wochen Studium mit Macht. Auch wenn ich danach und ein Leben lang in keine Kommunität oder Kommune ging.

Ein Ruck setzte mich drei Meter neben den vorgegebenen Weg von Religion, Kirche und auch Bürgerlichkeit. Eine mittelfränkische Studentin des Hebräisch-Kurses schwärmte in den Kurspausen, in größerer Runde und mitten in der Augustsonne vor der Theologischen Fakultät vom „Münzinghof". Dort hatte sie bis unmittelbar vor Beginn des Kurses gearbeitet, in dieser anthroposophischen Dorfgemeinschaft mit Menschen mit Behinderungen. Ich hörte sie erzählen; begeistert und fränkisch rollte sie die Augen. Und ich wusste im selben Moment, nach gerade zwei Wochen Erlangen: Da muss ich hin.

Viele Monate später endlich, es war der Freitag vor dem Ersten Advent, traf ich mich mit dem ebenfalls höchst mittelfränkischen Freund der Kommilitonin auf dem Nürnberger Hauptbahnhof. Wir bestiegen am bereits dunklen Nachmittag den roten Dieseltriebwagen nach Neuhaus an der Pegnitz. Nach einer Stunde im sich am Ende der Fahrt fast leerenden Zug stiegen wir an einem Bahnsteig aus, der tief zwischen zwei Gleisen kaum erkennbar und bereits leicht vereist war.

Der Freund hatte einige Monate vorab seinen Zivildienst hier am Münzinghof beendet. Nachdem der Zug samt seiner Dieselröhrung sich in Richtung der letzten beiden Stationen entfernt hatte, ließ sich ein hohes, kaum erhelltes Landbahnhof-Gebäude ausmachen mit dem wunderbaren Namen „Rupprechstegen". Davor funzelten im aufkommenden Wind drei ersichtlich in die Jahre gekommene Lampen.

Wir hatten von dort etwa eine gute Stunde zunächst durch ein Dorf und danach durch einen Weiler steil bergan zu gehen, dem Wind und der Höhe entgegen. Unmittelbar hinter der letzten Holzscheune des Weilers tauchten wir in vollständig dunkle Wälder ein. Nach langer Weile bog der nur ahnbare Weg in eine Hochfläche, in eine Allee, die mir als Kastanienallee vorgestellt wurde. An deren Ende ließ sich ein windgebeuteltes Licht ausmachen. Schließlich, unmittelbar um jenes Laternenlicht herum, zeigte sich der buckel-gepflasterte Innenhof eines Gutshofes. Mehrere breitfränkisch gefachte Gebäude, deren Dächer begannen, den ersten Schnee aufzufangen, umstanden diesen Hof. Im Eck-Schatten eines der Gebäude gab sich eine breite hölzerne Tür zu erkennen, deren Klinke der Freund zielsicher fand. Er schob mich in den Kuhstall voran.

Dann gingen meine Augen über: Alle Menschen der Dorfgemeinschaft Münzinghof saßen auf Strohballen zwischen dem malmenden Vieh, ließen die Katzen zwischen den Beinen durchhuschen und flochten Kränze. Diese sollten zwei Tage später den Advent in allen Häusern des Hofes einlichten und einduften. Auf Holzbrettern lagen einige Vesperbrote; im Tonkrug dampfte der Tee.

Einige Menschen saßen und banden geduldig Zweig auf Zweig.

Andere standen und drehten zwischen ihren Beinen geschickt das Gebinde zum Kranz und bogen die Drähte und die violetten Bänder herum.

Gespräche schwirrten, Ausrufe und Lachen wogen hin und her. Zwischendurch stimmte jemand ein Adventslied an, dem einige einstimmten, während andere ihre bindende Arbeit still fortsetzten. Der Freund und ich, wir wurden mit Hallo begrüßt und gleich auf einen Strohballen zum Essen und Trinken gebeten.

Über viele Jahre lang habe ich diesen Gang vom Bahnhof Rupprechtstegen in den Kuhstall des Münzinghofes erzählt, noch mal und noch mal und noch mal. Ich hatte diese Geschichte naturgemäß ausgeschmückt und mit manchen persönlichen Krisenbeschreibungen hochgejazzt.

Dabei: Es war eher umgekehrt. Da fuhr etwas aus der Erde hoch und natürlich nicht zufällig in einen Kuhstall hinein, was mich am selben Abend noch sagen ließ: Hier, zu euch, will ich hin.

Es dauerte noch fast ein Jahr ungeduldigen Wartens, bis es beginnen konnte. Dann aber kam ich, als Zivildienstleistender, in die Wahlfamilie von Sabine und Timm Lossen, die gemeinsam mit eigenen kleinen Kindern und mit neun Menschen mit Behinderungen eines der vier alten Häuser des Gutshofes bewohnten. Das Wort „Behinderung" fiel so gut wie gar nicht. Die Mitglieder der Familie gingen in Stall und Garten, Weberei und Hauswirtschaft ihrer Arbeit nach.

Damals stand am Münzinghof alles auf „Anfang", nach erst drei Jahren „Lebensgemeinschaft". Heute zählt der Münzinghof zu den bekannteren Teilhabeeinrichtungen des Freistaats Bayern.

Mich hat dieses dortige Landleben bis in die Eingeweide berührt.

Ich bin kein Bauer geworden, nicht einmal ein Gärtner und nicht einmal, wie eine Weile geplant, ein Heilerziehungspfleger oder Heilpädagoge. Gerade die Lossens – Anthroposophen und der institutionellen Kirche eher entfernt – sahen meinen Weg vielmehr gen Seelsorge und Religion.

Dass ich kein Bauer geworden bin, lag natürlich auch an meinen beiden linken Händen, die mir böse Streiche gerade auch auf dem Münzinghof gespielt haben. Bohrmaschinen endeten mit ihrem Drill längst nicht immer dort, wo es geplant war. Ein frisch bei Ikea für das Wohnzimmer der Wahlfamilie erstandener Schrank wurde von mir sogleich „gezeichnet", weil ich die Schrauben schief und scharf in die Mitte der Schranktür quetschte, so dass sie unschön hervorglotzten.

Viele Töpfe Leim wurden am Gelenk zwischen Sitzplatte und Lehne der alten Esstisch-Stühle verteilt, ohne dass diese dadurch zu einer Stabilität gelangten. Vielmehr blieben hässliche Wülste am schönen Buchenstück.

Bereits ein Kalb sah ich eindeutig lieber in einer Stallung oder zumindest hinter einem Weidezaun. Als an einem Wintertage die Kühe aus dem Stall sich lüftend durch den Hof liefen, musste ich mittendurch, um im Gemüsekeller Möhren aus der Sand-Miete zu holen. Dabei jagte mich plötzlich eine Färse. Und ich sprang in höchster Not in einen feuchten Keller, rammelte die Tür hinter mir zu. Ein wildmähniger Mann mit sogenannter Behinderung und ohne übliche Sprache hatte dies mitbekommen und neckte mich noch Jahrzehnte mit dem Ausruf „Hanßi". Dabei führte er immer seine Mittel- und Ringfinger an beide Schläfen und röhrte prustend los mit „Kuuuh".

Auch in der Quark-Kammer fiel es mir nicht leicht, die Hygiene so einzuhalten, wie es der Konsistenz und erst recht dem Geschmack zuträglich war. Molke und Masse so zu trennen, dass das eine für die Menschen, das andere für die Schweine nützte, bedeutete mir eine ziemlich herausfordernde Aufgabe.

Und am Steuer mehrerer Autos baute ich einige Unfälle. Schon der Führerschein, nach 50 geschwitzten Stunden erworben, verdankte sich vor allem der Geduldesgüte eines frommen mittelfränkischen, erheblich dicken und ebenfalls erheblich schwitzenden Fahrlehrers.

Dass ich bei so viel Unbill überhaupt durchgehalten habe, verdanke ich dem Langmut der Lossens und des ganzen Münzinghofes. Und ich verdanke es zweifellos auch den Momenten des „Gelingens".

An die als Kind gewonnene Waldes-Liebe des Schwarzwaldes konnte mir die Fränkische Schweiz wahrlich heranreichen, in ihren Waldstücken aus Fichten, Kiefern und Buchen, zwischen steinigen Hochflächen und teils krassen Felsen. Wir hatten wirkliche Brocken zu klauben, bevor die magere Saat der Kartoffeln auszubringen möglich war.

Mit einem rasselnden roten Deutz und dem hüpfenden Heu-Hänger hintendran fuhren wir an einen Hang am nahen Lungsdorfer Tal. Wir sprangen vom Wagen und machten uns ans Herausruckeln und Fortwerfen der Steine, das regelmäßig durch Vesperpausen im Schatten unterbrochen wurde. Stets arbeiteten wir gemeinsam, Menschen mit und ohne Behinderung, so dass die Präpositionen „mit" und „ohne" an vielen Stellen sich auflösen konnten.

Beim, wie wir sagten, Drei-Erlen-Heiligtum am Wege-Dreieck ging es rechts in den Fichtenwald hinein, wo Holz zu schlagen und zu räumen war. Rainer, vom Titel her „behindert", hatte den rotesten Helm und die besten Hämmer und Sägen immer zur Hand. Er brummte mir Anweisungen zum Entasten zu, die klug waren zu befolgen.

Oberhalb des Münzinghofes thronte der Philosophenhügel. Hier wurde an jedem Ostermorgen von der Dorfgemeinschaft die Sonne begrüßt. An vielen Sommerabenden ließ sich Gitarrenspiel vernehmen von diesem oder jenem Liebespaar oder auch einem einzelnen suchenden Erdenmenschen.

Die Jahreszeiten erreichten mich mit einer Wucht wie vorher nicht und wie nachher kaum. Der Frost war kaum auszuhalten, bekam aber in der Glut des großen Eisenherdes, einem mit zahllosen Ringen ausgestatteten wirklichen Monstrum mitten in der Küche, verlässliches Gegengewicht. Das klackende Holz und die aufzischende Kohle hielt dem reichlichen böhmischen Ostwind, der genau auf dem Hof stand, wahrlich bullende Wärme entgegen.

Vor allem: Zum ersten Mal seit Kindertagen lebte ich wieder tags wie nachts mit Menschen mit Behinderungen. Wobei es Menschen waren, die reden konnten und in der Regel zu verstehen waren.

Einige konnten sogar kurze Briefe schreiben; alle konnten Theater spielen und wenigstens eines der Instrumente. Einige hatten psychiatrische Themen, andere waren durch Spasmen erheblich beeinträchtigt.

Beim gemeinsamen Frühstück der Wahlfamilie um den großen runden Tisch herum, das eine geschlagene Stunde dauerte und in jeder Hinsicht langsam zu kauen war, fing der Tag an. Und er endete oft abends damit, dass einige sogenannte behinderte Männer, leicht älter als ich, in meinem Zivi-Zimmer hockten, Bügeleisen reparierten oder sich die Zeitung direkt und umgedreht vor die Augen hielten. Oder sie steckten das Ohr direkt in die Box meiner mittlerweile erstandenen Kaufhof-Stereo-anlage, um abwechselnd Bach und die Doors zu hören.

Besonders an jenen mit dem Ohr, einen durchschei-nenden hellsichtigen Menschen mit einer Sprache meist jenseits der Sprache, an Michel hängte ich mich, bis mir eines Tages mit Liebe wie Strenge bedeutet wurde, doch noch einmal neu zu Rolf zu schauen.

Am Münzinghof sind immer schon zahllose Freund-schaften entstanden. Auch mir erging es so, auf Duisburg und Erlangen noch einmal mächtig obendrauf.

Am Münzinghof kam ich auch mit meiner ersten Ehefrau zusammen, die dort als Praktikantin arbeitete. Siebzehn Jahre blieben wir, vom Münzinghof an, ein Paar. Wir bekamen 1988 eine Tochter.

Meine Eltern sahen den Münzinghof als fremd und als manierliche Bedrohung ihres Lebens. Vor allem da ich damals in jugendlicher Verve alle Behinderten-Anstalten abschaffen wollte, sahen sie sich veranlasst, dem mit Nachdruck entgegenzuhalten.

Meine Eltern konnten allerdings kaum dahin schauen, dass Rolf in den Achtziger Jahren die wohl düstersten Jahre seines Lebens zu durchstehen hatte. Lange vor den spät greifenden Umbauten in Scheuern hatte Rolf mit elf anderen, ebenfalls inkontinenten jungen Männern, einen einzigen und nicht eben großen Schlafsaal zu teilen.

Er war wirklich wie weggesperrt. Elf Gitterbetten standen da, eng an eng.

Kurz nach dem Zivildienst absolvierte ich zwei Praktika in Scheuern, nicht direkt in Rolfs Station. Aber nach Dienstschluss saß ich oft bei ihm im Wohnraum. Das war schrecklich, da jener Raum vollkommen schmucklos gehalten wurde. An Ostern bestand der Schmuck darin, dass Eierkartons mit müden grünen Bändern von der Decke herab glotzten. Das fiel vor allem daher auf, weil sonst nie etwas an den Wänden hing. Die Lackfarben der Wände wurden zwar regelmäßig erneuert, erhielten aber gleich nach der Renovierung wieder die Handabdrücke und Fußabdrücke und weitere Abdrücke aller Bewohner. Stühle wurden oft und mit Krach an die Wand rangiert. Sie bestanden aus klebriger brauner Sitzfläche, häufig mit aufgepulten Schaumstoff-Rändern und einer vielfach getackerten steifen Lehne.

Der Boden schwamm als Linoleum, das mit scharfen Mitteln täglich mindestens einmal druckvoll gebohnert wurde. Es bot irgendwie keinen Halt und bappte vor chemisch komplexen Substanzen aus Spucke, Urin, Suppe und Maoam. Die Fenster waren mit engen Gittern versehen. Man konnte hinaussehen, aber sah außer Bäumen immer auch Metall. Ja, es gab einen Balkon. Der glich aber einem Käfig.

Immer hing auch jemand auf halbhoch. Unten auf dem Käfigbalkon lagen abgestoßene, aber festgefriemte Gummimatten, damit niemand sich was brach beim Gitterklettern. Und die Tür von der Station zum Treppenhaus des „Horny-Hauses", schwer wie ein Grabstein, hallte so laut wie ein Güterwaggon. Sie hatte natürlich nur einen Knauf, keine Klinke. Monströse Schlüsselbunde rasselten die Tür auf. Dabei wurde unausweichlich noch ein weiteres Sprenkel der gilb gewordenen Lackschicht abgerieben. Und selbstverständlich wurde zweimal laut geschlossen –, so laut, wie man ein Wälzlager unter einem Unimog umdreht.

Das Essen wurde gegen elf Uhr mit lautem Geballer in großen Containern geliefert. Zwischen elf und zwölf wurden diese Container umtigert von mehreren Knurr-Hungrigen, als würden die Container den Goldschatz von El Capitano bergen. Dann wurden Plastik-Teller auf den Tischen verteilt, viele mit einer halben Überhäufung, damit die in Sauce ertränkten Kartoffeln nicht heraus-purzelten. Diese Teller-Überhöhung sah immer aus wie eine kleine Ausführung der Überflug-Kurve auf dem Nürburgring. Die Löffel kreischten mit genau solcher überfliegenden Geschwindigkeit daran entlang.

Dann, nach dem Essen, wieder Tigern übers Lino-leum.

Abdrücke an die Wand anbringen.

Stuhl umhauen.

Im Käfigbalkon auf der Matratze kauern und Nägel kauen.

Auf der Matratze endlos hopsen, so wie Rolf. Oder erschöpft auf selbiger Matratze schlafen, wie Rolf es eben-falls oft tat.

Meine erste Ehefrau war der erste Mensch, der sich dem Anblick dieses Elends gemeinsam mit mir aussetzte. Sie konnte Rolf unmittelbar in ihr Herz schließen. Aber die Umgebung um ihn herum entsetzte sie. Und sie öffnete mir damit auch manche Augen, die vorher zugehalten gewesen waren.

Im Gegensatz zur desaströsen Umgebung standen einige Heilerziehungspfleger, deren Herz mitten in diesem sozialpolitischen Katastrophengebiet aufrecht und zuweilen sogar fröhlich blieb. Oft war das ihrer im guten Sinne ursprünglich bäuerlichen Herkunft aus dem nahen Taunus und Westerwald zu verdanken. Sie redeten nicht nur freundlich mit mir, sondern auch mit allen ihren Pfleglingen.

Einer griff mitten in dieser Wüstenei verlässlich zur Gitarre und schmetterte Bob Dylan oder auch Westerwälder Heimatlieder. Dann scharten sich alle Bewohner um ihn herum, schnurrten an seinen Beinen. Oder, so wie Rolf, hörten sie auf mit dem Hopsen und atmeten ruhiger.

Nie habe ich in dieser Wüstenei einen Pfleger ausrasten sehen. Gewiss waren manche Sätze von ihnen endlos mahnend: nicht zu schlagen, nicht zu ruckeln, nicht zu nuckeln, nicht zu schreien. Aber am Ende stand eine Achtung und durchaus Liebe zu den ihnen Anvertrauten.

Sie drückten „die Jungs an ihre Schulter" und ihren Männerbusen, wischten geduldig Mund um Mund nach dem Essen, schnitten Fingernägel und wechselten sorgfältig jeden mit Sauce oder Speichel getränkten Pullover. Erst im weiten Rückblick wird mir deutlich, wie meisterlich sie sich ihr Menschsein nicht haben nehmen lassen.

Natürlich bedeutete es immer ein buchstäbliches Ausatmen, mit Rolf aus diesem – trotz aller netten Gitarren-Einlagen – Gepferch hinauszugehen zum Spaziergang. Rolf legte oft noch direkt vor seinem „Horny-Haus" los und peste voran gen Mühlbach und Wald, seinen schräg stehenden Füßen Hohn spottend.

Ein Medizin studierender Freund, der mich einmal begleitete und Rolf kennenlernen wollte, staunte bass. Er war nicht nur von Rolfs Ausdruckskraft, sondern auch von seiner unabweislichen kardiologischen Energie beeindruckt. Rolf konnte sogar den steilen Weg nach Dienethal mit seinen vier Kehren und weiten Blicken ins Lahntal hinab in guten Jahren bis fast zur ganzen Höhe hochrennen. Die Umgebung, ob Bäume oder Talblicke, interessierten ihn dabei nicht. Er wollte und er musste rennen, bis er vor Hecheln nicht mehr ein noch aus konnte.

Nicht selten tat ihm dann vieles weh. Und er schrie. Er haute sich auf den Kopf, weil jener weh tat. Es gab keine üblichen Mittel, ihn zu beruhigen. Nach einigen Minuten wurde es aber immer besser.

Rolf konnte auch in diesen Jahren versunken dasitzen. Manchmal schob er den überfürsorglichen überliebhabenden Bruder auch energisch weg.

Ab diesen Jahren ging er tagsüber für zwei Stunden in die Tagesförderung. Die üblichen pädagogischen Angebote dort fand er nervend. Was sollte ihm ein Ringstock, auf den die Ringe aufzuwerfen oder aufzulegen waren? Was sollte ihm ein hölzernes Steckbrett, auf welches ausgestanzte grüne Bäume oder rote Autos hineinzufriemeln waren? Hopsen wollte er lieber, auf der Matratze dort, und dies bis zur Erschöpfung. Oder auch dasitzen und in Ruhe gelassen werden.

Untergründig konnte er genießen, dass in den Räumen der „Tagesförderung" keine Gitter vor den Fenstern zu sehen waren und nur drei statt immer elf Menschen um ihn herum sich bewegten.

Rolf hatte das Glück seiner blonden Locken. Viele Hände wollten da sein Leben lang durchfahren. Einige dieser Menschen fand Rolf lästig, andere ließ er immerhin zu. Er war nie verschmust, diente sich schon gar nicht an.

Rolf war ein Kommunikator der Blicke. Er konnte sein Leben lang mit Blicken Menschen einfangen. Und er konnte Blicken standhalten, sich aber auch gepflegt abwenden.

Menschen waren auch nur Teil seines Interessengebiets. Die schon in Kindertagen anhebende Forschung des Zwischenraums zwischen Daumen und Zeigefinger beschäftigte ihn sein Leben lang. Den aktuellen Forschungen zur Kinetik, Robotik, bis hin zu KI, könnte er substantielle und in endlosen Versuchsreihen erprobte Ergebnisse locker hinzufügen und wäre damit ein natürlicher Kongressheld.

Für Rolf wurde Anfang der neunziger Jahre alles schlagartig besser. Er zog innerhalb Scheuerns um in sein neu erbautes „Haus Rosengarten", oben am Waldhang. Hier wohnt er noch heute.

Nie roch es dort nach Urin und Kot, obwohl alle weitgehend inkontinent blieben. Ostern fand nie mehr unter der Decke statt, sondern mitten im Wohnzimmer mit veritablem Fest-Brunch. Und Stühle und Sofas wurden meist mit Geschmack und Verstand gekauft und regelmäßig repariert oder erneuert. Sie landeten nur noch selten mit Schmackes an der Wand.

Nach Jahren des wirklichen Grauens zog rund um Rolf etwas Neues auf. Manchmal gab es noch Rückschläge, vor allem wenn Rolf für mehrere Tage in ein Krankenhaus musste. Unterversorgt musste er dort jämmerlich hinter Bettgittern hausen. Nie vergesse ich jene Bilder aus der Emser Paracelsus-Klinik oder dem Andernacher Landeskrankenhaus, wo er eingenässt und mit hochgerutschtem Krankenhemd aus erschöpften Augen über sein Gitter schaute. Sein Essen und Trinken und seine Medikamente standen alle noch unberührt auf dem Nachttisch.

Ins Krankenhaus musste er wegen seiner vielen Stürze. Kaum ein Knochen blieb ungebrochen. Von allen Stürzen aber hat er sich erholt; immer wieder ist er aufgestanden.

Rolf wurde nicht sofort, aber im Laufe vieler Jahrzehnte des Älterwerdens tatsächlich ruhiger. Er genoss zunehmend seinen Status. Man nannte ihn schließlich liebevoll „den Herrn Baron".

Die Stammburg Nassau des Hauses Oranien ist von Haus Rosengarten und bei allen Spaziergängen im Stiftungs-Gelände immer im Blick.

Rolf würdigte diese Burg keines Blickes. Er wurde „Baron" aus eigener Würde und Ordnung.

Wirklich feine Menschen der Heilerziehungspflege begleiteten Rolfs Weg. Während der Zeit im „Rosengarten" wurden diese Mitarbeitenden kreativer und zugleich genauer.

Er kam an die Nordsee, saß in Zandvoort am Strand und wunderte sich über so endlos viel Sand. Er kam an den Bodensee und genoss die Brise bei der See-Passage. Zwei Jahrzehnte lang machte Rolf regelmäßig Urlaub.

Und dazu kamen noch Tagesausflüge in den Westerwald. Oder auch die besonderen Ausflüge mit einer einzelnen Mitarbeiterin zum Einkleiden des Herrn Baron in gepflegten Fachhäusern der Herren-Oberbekleidung in Koblenz. Natürlich gab es danach Pizza in einem echten Ristorante mit „Grazie, Signore". Wie mir berichtet wurde, hat Rolf dies fürstlich genossen.

Rolf war sein Leben lang immer zu hören. Zu Rolfs Leben zählte das Lauten. Parallel zu seinen Finger-Forschungen ging er stundenlang im Lautraum eines „o-l" den physiologisch-musikwissenschaftlichen Grundfragen des Menschseins nach. Ob er mit dem „o-l" seinen Namen erforschte, auf den er tatsächlich immer hören konnte? Dies blieb sein Geheimnis.

Er lautete offen in den Raum hinein, suchte mit den Augen Kontakt, ganz wesentlich bei der regelmäßigen Orderung von – gutem! – Kaffee oder zur Begrüßung der Spätschicht.

Er lautete vor allem viel in sich selbst hinein, oft in Kombination mit der Fingerforschung, mit den Blicken in jenen Zwischenraum.

Und manchmal glitt er auch vom Lauten ins Schreien. Oder auch ins glücksvolle Rufen.

Er war im Laufe der Zeit nicht mehr ganz so gut zu Fuß wie vormals.

Berge gingen nicht mehr, Rennen auch nicht.

Aber immer noch durchstreiften wir, jetzt langsamer, über zwei lange Stunden die unmittelbare Umgebung der Stiftungen.

Es ging etwa an der Lahnauer Mühle entlang ins Mühlbachtal.

Wir saßen auf einer Bank, ruhten aus. Ich schaute über die Libellen des Forellenteichs; Rolf schaute auf den Zwischenraum seiner Finger.

Rolf hakte ich immer ein bei mir; manchmal schwankte er, meist war er guten Schrittes. Auf den Boden knallte er sich höchst selten noch.

Rolf ging seiner Wege in Scheuern. Ich ging meiner Wege.

4 Berlin Ostbahnhof

In meiner Generation, die so einzigartig bislang von Kriegen verschont blieb, geht es untergründig immer um den Krieg. Wir sind Kinder von Menschen, die in jungen Jahren den Zweiten Weltkrieg in ihr Blut und ihre Zellen aufzunehmen hatten.

Wir sind zugleich Nachfahren von Menschen, die meist beim großen europäischen Zivilisationsbruch, der Shoah, dabei waren und häufig mitgewirkt oder deutlich davon profitiert haben.

Von dem allen wurde selten erzählt, dann oft indirekt und verschlüsselt. Zu spüren waren die großen Leerstellen, im fein-trefflichen Englisch: die „Voids". Sie schickten mich auf viele Reisen, alle gen Osten.

So beginne ich dieses Kapitel am Berliner Ostbahnhof. Es war ein kalter, nebliger Aprilmorgen im Jahre 1997, als ich dort auf den D-Zug von Berlin nach Krakau wartete. Vor lauter Aufregung über das unbekannte Reiseziel hatte ich mir gleich eine Netzkarte der gesamten polnischen Bahn besorgt, die nur unwesentlich teurer war als die Fahrt von Düsseldorf, wo ich seit 1989 wohnte, nach Berlin.

Gleich hinter Frankfurt wurde nach einem Bogen die Oderbrücke erreicht; ein kurzer Klack sagte den Spannungswechsel der Oberleitung an und damit die Grenze. Ich fuhr in eine Landschaft hinein, die mich unmittelbar überwältigte.

Alte Höfe standen unter windgezurrten Bäumen, die meisten noch mit Putz und Stein aus lang vergangener Zeit, aber fraglos belebt und umgeben von reichlichen Gärten. Diese waren im April noch fast winterlich kahl, aber kündeten klar, dass man und frau hier noch sich selbst versorgte.

Pfützen standen in Chausseen; in Wäldern lagen Bäume quer übereinander; Telegrafenmasten folgten den Schienen und ließen dazwischen die Leitungen rhythmisch durchschwingen.

An den Fenstern im Zug-Gang standen mir fremd wirkende Menschen, an denen ich mich ängstlich wortlos vorbeiquetschte, als ich zum Klo musste. Ein betörend duftendes Stück rosiger Seife war ab der Grenze vom polnischen Personal dort hingelegt worden.

So ging es Stunde um Stunde.

Es schauerte mich, weil ich zugleich das alte Deutschland von vor dem Krieg zu sehen bekam als auch mein erstes osteuropäisches Land.

Die Zugfahrt endete in Krakau. Auf dem Bahnhof mit seinen Blechwänden in den Unterführungen kam mir Kohl- und Piroggen-Duft entgegen. Dann sah ich vollgestopfte Kioske, die von vitaler Ökonomie kündeten. Eine Ringstraße überschritt ich, flanierte durch einen französisch anmutenden Park, staunte über eine lange Gasse Bürgerhäuser und gelangte auf den Rynek, den breit ausladenden und zugleich so menschen-maß-gerechten Marktplatz. In dessen Mitte standen die Tuchhallen und an dessen Flanke ragte die hochgotische

Marienkirche auf mit ihrem ungleichen, schlanken Turmpaar.

Ich sah mich umgeben von solch unerwarteter und einzigartiger Schönheit, dass ich mich unaufhörlich kneifen musste und auch unaufhörlich zu weinen hatte.

Ich verstand gar nichts von dem, was ich sah. In einer Bäckerei kaufte ich zuckriges safrangelbes Gebäck höchster Qualität, zu einem beschämend niedrigen Preis. Die ausgesprochen hübsche und klug aussehende Verkäuferin lächelte mich an; ich verneigte mich und blieb ein fremdes Wesen in einem slawischen Lande.

Mein ganz eigentliches Ziel war nicht Krakau gewesen, sondern Auschwitz. Krakau wurde allerdings die erste Verstörung auf dem Weg zur zweiten.

Nach Auschwitz fuhr ich von Krakau im Achter-Abteil eines abgestandenen Eilzuges, der an schwefelnden Kokereien entlangrutschte, bis er im unauffälligen Bahnhof von Oswiecim einfuhr.

Ich verlief mich zunächst, weil sich nirgendwo Hinweisschilder auf das von Deutschen angelegte und geführte Konzentrationslager fanden. Stattdessen landete ich auf einer Art Hauptplatz, in welchem zwei Kaufhäuser ihre Waren bis weit auf die winterkalte Straße hinaus feilbaten: riesige Stoffbahnen, Reihen von Gartengeräten und Bonbons in schillerndsten Verpackungen.

Die Jugend des Ortes fläzte sich auf die groben Steinbänke des Busbahnhofes; vor Augenkontakt scheute ich mich.

Schließlich, nach zwei Stunden des Suchens, stand ich vor jenem Tor mit der Überschrift „Arbeit macht frei".

Beim Rundgang durch die Gedenkstätte schlich ich an Bergen von Haaren in Schaukästen entlang. Wie alle.

Noch später ging ich von Auschwitz nach Birkenau, im aufkommenden Nordwind. Ich gelangte zu den ikonischen Gleisen, die in die Birkenauer Hölle führten. Damals, zudem im kalten April, konnte man noch fast vollkommen allein sein auf dem Birkenauer Gelände.

Im Laufe des Nachmittags stank es immer stärker nach Schwefel und Braunkohle aus dem nahen oberschlesischen Revier. Nebel legte sich auf den Boden; darüber blieb ein dunstig-giftiger Streifen Licht stehen.

Blechstücke am Krematorium lagen noch da, vermutlich noch von den Kartuschen mit Gas.

Der endlose Stacheldraht, die kerzengeraden Gleise zum Krematorium, die stehengebliebenen Holzbaracken.

Ich traf, ausgerechnet, eine Düsseldorfer Kollegin, die als Polin aus Schlesien stammte. Wir nickten uns nur zu, unterhielten uns nicht, weil nichts zu unterhalten war. Später, in Düsseldorf, erzählte sie mir, sie sei auch noch nie vorher in Auschwitz gewesen.

Ich wurde vollkommen verstummt und schlief mehrere Nächte fast gar nicht in meinem alten Interhotel in Krakau.

Dort nächtigten ebenfalls israelische Jugendgruppen, ohne dass ich in der Lage gewesen wäre, verstehen zu können, warum und wieso sie dort auf den Treppen feierten und sangen.

Mit roten Augen setzte ich mich in den Zug zurück. Ich wollte nicht schlafen, weil so viel zu sehen war, auch vor dem Zugfenster.

Kurz vor jener Reise hatte ich mich mit der Idee einer theologischen Promotion getragen über „Leitbild in der Diakonie". Im Zug zurück entschied ich nun, es sein zu lassen.

Denn ich hatte nun ein anderes Thema. „Das mit dem Osten", wie ich es nannte. Ohne damals wirklich zu wissen, was damit gemeint war.

Ein Jahr später saß ich wieder im Zug. Diesmal ging es von Berlin-Lichtenberg zum Danziger Hauptbahnhof. In der Zwischenzeit hatte ich mir ein wenig die polnische Sprache beigebracht, um wenigstens eine minimale Höflichkeit zeigen zu können. Allein der Versuch, jene Sprache stotternd zu gebrauchen, wurde bei meinen Reisen mit einer lachenden Herzlichkeit beantwortet.

Ich freute mich richtig, als ich auf dem Stettiner Hauptbahnhof wieder polnischen Boden betreten konnte. In Danzig war ich mit meinen raren Polnisch-Kenntnissen immerhin in der Lage, mir ein Privatquartier in der Altstadt zu besorgen, über ein in den Neunziger Jahren noch mögliches Vermittlungsbüro von Zimmern bei Familien. So landete ich bei einer verwitweten Partisanin.

Ich selbst war, so viel wusste ich damals gerade, Enkel eines deutschen Zollbeamten und eines Fabrikanten, der auch „Fremdarbeiter aus dem Osten" beschäftigt hatte. Und nun wurde ich ins Wohnzimmer einer polnischen Zweiraumwohnung aus den 50er Jahren platziert. Ich bekam von der alten Dame einen großen Teller frisch gebackenen Zimtgebäcks vorgesetzt.

In gewohnt polnischer Qualität verströmte es seinen scharf-süßen Duft.

In den wenigen möglichen Worten zwischen uns war immerhin schnell klar, dass sie in der Nähe von Kielce einer Widerstands-Zelle der Armia Kraiowa, der polnischen Untergrundarmee gegen die Nazis, angehört hatte. Viele hatten das nicht überlebt, bedeutete sie. Denn ihre Hand ging immer wieder schneidend zur Kehle.

Drumherum duftete der Zimt. Vier Nächte verbrachte ich bei der Partisanin.

Sie blieb bedacht auf mein leibliches Wohl. Sie setzte mir jeden Morgen ein reichliches Frühstück vor mit sauren Gurken und saurem Möhrensalat, weißem Brot und weißem Käse und mit mächtig starkem löslichem Kaffee in einer schweren Tontasse.

Um die Ecke des Wohnblocks, wo ich Unterkunft gefunden hatte, stand die Polnische Post, die ich bereits aus Grass' legendärer „Blechtrommel" kannte. Hier war das erste polnische Blut des Zweiten Weltkriegs geflossen.

Von Danzig aus fuhr ich nach Ostpreußen. Ich fuhr nach Sensburg, dem heutigen Mragowo.

Als Schulkinder hatten wir einmal in jedem Jahr den alten Herren der Partnerschule vorzusingen in der Aula. Es waren Königsberger, mithin geborene Ostpreußen. Und sie bekamen immer, auch in ihren ordentlichen Anzügen, Tränen beim Lied:

Land der dunklen Wälder/ und kristallnen Seen …
Licht hat angefangen/ steigt im Ost empor.

Auf einmal, sehr nachträglich, verstand ich sie.

Ich schaute aus dem Zugfenster; später stand ich auf dem Sensburger Bahnhof zwischen dem kristallenen Spirdingsee und dem tröstenden Dunkel wahrlich endloser Wälder. Ich dachte an die alten Männer in ihren dunklen Anzügen und dann an ganz viele andere.

So viele hatte ich inzwischen als Seelsorger getroffen, die aus dem vormaligen Osten Deutschlands stammten. Durch jede meiner Reisen konnte ich sie besser verstehen.

Auf der Rückfahrt, als der Zug über die Weichsel fuhr, da erst begriff ich, dass ich mit der Fahrt nach Sensburg auch in das von den Nazis verspielte Land meiner eigenen Urgroßmutter gefahren war. Uroma Mimi war die Mutter der Mutter der Mutter, geboren 1879. Bereits mit zehn Jahren war sie mit ihrer Familie tief in den Westen gegangen. Sie war eine fromme, einfache Bergmannsfrau. Aber sie war lebensklug. Und sie konnte schreiben.

Sie beschrieb ihre Reise 1890, über damals drei Tage, bis ins Ruhrgebiet. Und sie beschrieb eine Reise 1941 zu ihren Cousinen, vom tiefen Westen ins kinderheimatliche Ostpreußen. In dieser Beschreibung finden sich Passagen, wie eines nachts die Kolonne des „Führers" an ihr, am Haus der Cousinen vorbeifuhr. Er war, wie sich rekonstruieren lässt, auf dem Weg in die nahe „Wolfsschanze".

Drei Tage danach gab er den „Barbarossa"-Befehl, den Überfall auf die Sowjetunion.

Der Uroma war das Kriegerische nicht geheuer. Der „Führer" widersprach sowohl ihrem Jesus-Glauben wie auch ihrer sozialdemokratischen Grundgesinnung. Sie deutete es, wie sie schrieb, eindeutig an gegenüber ihren Cousinen, damals gewiss ein Wagnis.

Uroma Mimi hatte ich im Alter von drei Jahren noch von Angesicht zu Angesicht sehen können, an der Hand meiner sehr früh verstorbenen Großmutter mütterlicherseits. Ganz vage erinnere ich mich an eine mir märchenhaft anmutende Erscheinung, die mir freundlich ihre uralten Hände entgegenstreckt hatte, fast so wie es Rembrandt in „Jakobs Segen" gemalt hatte, was heute in Kassel zu sehen ist.

Nun fuhr ich mit Oma Mimi im Sinn über die Weichsel westwärts nach Danzig, noch einmal zur Partisanin.

Von dort aus fuhr ich am nächsten Tag nach Deutschland zurück, über Warschau. Ich wusste vorher nichts von Warschau. Was ist Warschau?

Dass es der Glanzpunkt europäischen Barocks war, vor der Shoah die größte jüdische Stadt der Welt und Ort von den vielleicht zwei brutalst zusammengeschossenen Aufständen der Weltgeschichte.

Was wusste ich? Ja, da gab es das Bild vom knienden Brandt. Ich kannte es, und es hatte mich beeindruckt.

So bin ich dort auch gleich hingegangen, zu jenem Denkmal vom Ghetto-Aufstand, mitten in einem endlosen Neubaugebiet, von dem ich erst später ahnte, dass es nichts anderes als ein Neubaugebiet sein *konnte*. Eine ganze Weltstadt war Meter für Meter von deutscher SS und Wehrmacht in Schutt und Asche gelegt worden, aus Terror gegen die jüdisch-polnische und danach die christlich-polnische Bevölkerung.

Und sonst? Ich genoss polnischen Bigos. Ich genoss den Borschtsch, der mir immer anders in seinem Violett der Roten Beete mit Erdkraft entgegenkam. Im rauchengen Wirtshaus der wiederaufgebauten Altstadt, neben dem rekonstruierten Königspalast, versank ich im Dunst der hellen Terrine.

Ich nächtigte bei einer verarmten Universitäts-Dozentin, gleich gegenüber vom stalinistischen Kulturpalast. Sie redete wenig und wollte auch nicht schwärmen, so wie ich es halb verlegen ihr gegenüber von ihrem Warschau tat.

Wieder schlief ich fast eine ganze Nacht lang nicht. Ich musste beständig über das knarzende Parkett mich zur Toilette schleichen, hatte ein fürchterlich schlechtes Gewissen, sie dadurch zu wecken.

Die dünnen Gardinen konnten das Mondlicht kaum außen halten.

Bei meinem ersten Warschau-Besuch fiel mir ein, dass mein Opa, der Vater meines Vaters, von Warschau erzählt hatte, sogar mehrfach. Er muss noch das unzerstörte oder nur teilzerstörte Warschau gesehen haben. Er war, wie er erzählte, vom „Ministerium des Deutschen Ostens" entsandt, was ich damals für eine Art Regionalministerium hielt. Erst lange nach meiner ersten Warschau-Reise kam mir zu Bewusstsein, dass Alfred Rosenberg dieses Ministerium geleitet hatte. Es war, in Kooperation wie Konkurrenz zum Reichssicherheitshauptamt, Schaltstelle des Massenmords an Juden und Slawen gewesen. Es lag Unter den Linden, in der vormaligen sowjetischen Botschaft, direkt am Brandenburger Tor.

Von dort fuhr der Opa, vermutlich mit der Eisenbahn, zum selben unterirdischen Bahnhof Warszawa Centralna, in welchem ich nun den Schnellzug über Breslau wieder nach Hause bestieg. Ich suchte den Weg zum Speisewagen und fragte mich:

Was machte der geliebte Opa in Warschau, als Zollbeamter im Gehobenen Dienst? Wo doch durch Warschau 1942 gewiss keine Grenze gegangen ist. Mein Opa, den ich sehr liebte, und der erst im hohen erfüllten Alter von 88 Jahren starb, acht Jahre vor dieser Reise nach Warschau – was hatte der eigentlich überhaupt gemacht, im Krieg?

Ich setzte mich in den Speisewagen, bestellte einen schwarzen Café po Turecku, also den löslichen. Den Prütt strich ich mir von der Unterlippe und beugte mich über eine neu erstandene Karte, die die Ausmaße des jüdischen

Polen zeigte. Des weitgehend ermordeten jüdischen Polen.

Es gab wieder Bigos, köstliches Bigos. Ich musste etwas essen, obgleich mir die ganze Zeit übel war. Draußen strichen die endlosen Felder Polens vorbei. Der Kellner in seinem blütenweißen Hemd und in seiner ordentlich gebügelten Hose rührte mit einem Holzlöffel im großen Bigos-Topf. Er spülte und trocknete die Gläser. Er pfiff sein Lied.

Drei Jahre später zog es mich zum Dreiländereck von Ukraine, Slowakei und Polen, also einmal ganz durch Polen hindurch, weit in den Osten. Ich war frisch getrennt und sehr verwirrt, musste wirklich weit weg vom heimischen Düsseldorf.

Im vieltürmigen Przemysl bestieg ich einen röhrenden Überlandbus, der mich ins Gebirge hoch brachte, in die Karpaten. Die Fahrt dauerte viele Stunden und führte mich erstmalig in die orthodoxe Welt. Die Dörfer wurden geziert durch Holzkirchen mit dem doppelten Kreuzesbalken. Die fast schwarzen Holzkirchen lagerten von Baumgruppen umstanden am geheimnisvollen Rand der Dörfer.

Vom Endpunkt der Fahrt aus, vom wirklich gottverlassenen Ustrzyki Gorne, führte es gen Dreiländereck in die Wald-Einsamkeit. Ein aufziehender Platzregen mit anschließendem Gewitter ließ mich auf Berges-Halbhöhe Blitz-Schutz suchen, hart am heidebewachsenen Boden. Später warf mich das Wetter in eine schlichte Hütte, die nur lausig feuchte Bettstatten als Unterkunft anbot.

Im abziehenden Regen fand ich mich hier spätabends unter dem Vordach bei einer Studentengruppe aus dem russischen Samara. Sie reichten mir würziges Fleisch und klarsten Wodka und wussten wunderbar auf der Gitarre zu spielen.

Oft habe ich in den Jahren danach diese Wanderung wiedergeträumt, mit ihren Blitzen und ihrer Gitarre. Was daran war so offensichtlich erschütternder als viele andere Wanderungen meines Lebens?

Sicherlich gingen die Gründe über diejenigen meiner Trennung hinaus.

Die Massaker in jener Gegend, von denen ich später las bei Andrzej Stasiuk? Was und wer rief da, nachts?

2007 zog ich mit meiner zweiten Ehefrau für ein Vierteljahr nach Jerusalem. Dies war im Rahmen eines Sabbaticals möglich, nach inzwischen 18 Jahren als Pfarrer und Seelsorger.

Meine zweite Ehefrau war nach ihrer Schulzeit Freiwillige bei „Aktion Sühnezeichen" im israelischen Kinderdorf Ben Shemen gewesen und sprach aus jener Zeit noch gutes Neuhebräisch. Sie stammt aus einer Familie, die mit Israel sehr verbunden war.

Mein Vater fand den Israel-Plan so schlimm, dass er den Kontakt zu uns auf ein absolutes Minimum reduzierte. Weil ich zu den Juden zog, in den jüdischen Staat. So sagte er. Seine, man kann es ja nicht anders sagen: Entgleisung, sie rührte – aber das wusste ich damals kaum – aus dem Geheimnis der Familie, aus den Voids.

Jerusalem und Israel haben mich in etwa so erschüttert wie der Münzinghof und meine Reise nach Krakau und Auschwitz. In Israel war geschehen, von dem die Bibel erzählt. Aber nicht nur deswegen hat mich Israel erschüttert.

In den ersten Tagen hatte ich noch Angst vor Anschlägen, vor allem in Bussen. Aber dies verließ mich nach und nach. Ich konnte eintauchen in die Gerüche des Mahane Yehuda-Marktes in der jüdischen Neustadt, zwischen Melonen und Thymian und Auberginen prächtigster Farben wählen. Ich schaute einem Händler zu, der mit behenden Griffen das Gemüse in die allfälligen dünnen Plastiktüten seiner Kunden stopfte. Zugleich machte er mir fremd erscheinende Handlungen vor einer Art tragbarem Hausaltar, der senkrecht vor der Wand des Marktstandes lehnte, nicht größer als ein aufgeklappter Schulatlas. Die Schrift und die Symbole verwiesen auf einen jüdischen Altar. Und ich verstand – nichts.

Im arabischen Souk in der Altstadt brühte mir eine ganze freundliche Familie Kaffee mit Kardamom auf. Es roch so betörend wie es samt-stark schmeckte. Ich saß dabei vor dem Frisör, der mir unmittelbar vorher minutiös genau die Haare geschnitten hatte.

Und auf einmal brandete ein heftiger Protestzug auf. Arabische Kehlen drangen aus allen Gassen des Souk. Sie skandierten Parolen, wogen eng an eng durch die überwölbten Gänge, streiften hart an mir vorbei, ohne mich aber zu bedrängen, überhaupt ohne mich wahrzunehmen.

Kurze Zeit danach wieder Frieden, als ob nichts gewesen war. Nur mehr Kaffee und die benebelnden Schwaden aus dem Frisörladen. Ich ruckte mich zurecht auf meinem Stuhl mit der runden geschnitzten Lehne. Weder kannte ich aus meinem vorherigen Leben solche Aufwallungen gestochen scharf gespannter Körper. Noch kannte ich jenen buchstäblich orientalischen Frieden. Als typisch gehetzter Mitteleuropäer kam es mir nicht zu, beim Kaffee zu sitzen und einfach nur zu schauen.

Ich musste erst das Schauen lernen: Wie die jungen Israelis feierten auf der Yaffo Street, einige mit Gewehren um die Schulter, darin aber mitnichten bedrohend oder bedrohlich. Ich fand sie alle, Männer wie Frauen, von einer so selbstverständlichen Schönheit, dass ich ahnen konnte, warum sie oft den Neid auf sich zogen.

Am Tag des Shoah-Gedenkens wühlten die Sirenen zur Mittagstunde hoch. Und alle, die eben noch laut feierten, standen auf, zogen ihre Mützen und Kappen ab und fielen in vollkommene Stille. Alle, wirklich alle.

Ich stand daneben, zog ebenfalls meine Mütze ab. Und gehörte fühlbar nicht dazu.

Als die Sirenen abklangen, alle sich wieder setzten und bald wieder feierten, brauchte ich eine Weile, um ebenfalls wieder kauen zu können.

Erstmals besuchte ich Synagogen-Gottesdienste. In der Großen Synagoge in der Jerusalemer Neustadt staunte ich nicht schlecht, als der schönste Carlebach-Chor zu hören war mit einer wirklich herzzerreißenden, höhenrüttelnden Musik.

In den Bankreihen saßen während all dieses Singens und Betens die kleinen Jungen. Sie tauschten begeistert ihre Autobildchen, kletterten über Banklehnen, bekamen von ihren Großvätern noch eine Extramünze, so dass sie vor Freude mit den Popcorn-Tüten raschelten.

In Israel besuchte ich auch erstmalig Moscheen. In Akko durften wir auf die Teppiche unter den großen Kuppeln, bekamen Rosenwasser in die Hände und das Bonbon zur Begrüßung. Die Augen hingen an den Schwüngen der unfasslich schönen arabischen Sprache, welche die gen Mekka weisende Wand zierte. An den Seitenwänden saßen versunken Betende. Und mitten dazwischen sorgte auf einmal eine dröhnende Staubsaugermaschine für eine Andacht ganz eigener Art. Auf jener Staubsaugermaschine saß ein überaus fröhlicher Mann unter rotem Käppi, der scheinbar seine witzigen Kommentare und frotzelnden Bemerkungen für wirklich alle im heiligen Raum zu verteilen wusste. Auch zu mir.

Natürlich boten auch alle Christentümer in Jerusalem das ihre, allen voran die äthiopische Kirche. Eine davon hauste in mehreren Hütten auf dem Dach der Anastasis, der Grabeskirche mitten in der Jerusalemer Altstadt. Der zahnlose alte Mönch betete seine ewigen Rosenkränze vor dem wackeligen Schrank mit amharischen Gebetsbüchern. Und auf einmal, mir nichts dir nichts, flirtete er mit einer patrouillierenden bildhübschen israelischen Polizistin. Sie stammte, wie zu sehen war, ebenfalls aus Äthiopien. Er flirtete. Und sein Rosenkranz surrte dabei weiter, wie gehabt.

Lachend entbot er zum Abschied der Schönen die weite Zahnlosigkeit seines Mundes. Dann verfiel er wieder in seinen Rosenkranz. Er nahm mich überhaupt nicht wahr, wie ich ihm gegenüber in der Kapelle, die immer nach Antilopen-Fleisch roch, ebenfalls meine Bibel aus dem Rucksack packte.

Wer war ich schon?

Die jüdischen Freunde der Familie meiner Frau zeigten sich bei all den Besuchen in einer faszinierenden Gastfreundschaft. Ich staunte über ihre herzliche Unbekümmertheit mir gegenüber als einem Funktionär der Kirche. Sie luden zum Essen, erzählten aus ihren immer weltweiten Familien; und ich hieß auf einmal „Heinz" und gehörte ein Stück dazu, als ob ich schon immer dazugehört hätte.

In Israel traf ich die Bibel, die Religionen. In Israel traf ich allerdings auch mit voller Wucht Deutschland neu. Denn in Jerusalem, da gab es Yad Vashem, die Holocaust-Gedenkstätte.

Dort sprach etwas mit physikalischer Wucht: *Das* ist Dein Erbe. Nimm es an.

Die Wucht begann mit drei Fotos, gleich vor dem Eingang der großen Ausstellung:

Eine jüdische Familie.

Eine Sinto-Familie.

Zwei Menschen mit Behinderungen. Diese drei Fotos.

Alle drei waren, so die nationalsozialistische Lehre wie Praxis, mit Stumpf und mit Stiel auszurotten. Was ja fast gelungen wäre …

Als Bruder von Rolf betrat ich, was so vorher nicht geplant war, Yad Vashem. Und vielleicht auch stellvertretend für ihn.

Details, die von dem Rundgang durch die Gedenkstätte haften blieben und sich hineinfrästen in meine Seele: Video-Berichte von überlebenden KZ-Insassen waren zu sehen, die andere um Brot oder um eine Mütze beklaut hatten, um selber zu überleben. Die anderen, die Beklauten, hatten nicht überlebt. Schnörkellos, nur leicht vibrierend, sprachen sie in die Kamera.

Eines der originalen Fischer-Boote war aufgestellt, das fast alle dänischen Juden in einer gemeinsamen nächtlichen Aktion der dänischen Fischer ins rettende Schweden brachte. Ein schwankendes Boot.

Der Tisch aus der Wannsee-Konferenz war nachgebaut worden. Auf ihm lagen auf Papptafeln die Lebensläufe der ordentlich gescheitelten und gutes Rasierwasser gebrauchenden deutschen Beamten. Sie hatten ordentlich die Vernichtung zu planen gewusst.

Überhaupt bedrängte mich von allen Seiten deutsche Sprache, deutsche Befehle, deutsch, deutsch, alles deutsch.

Eine Fotogalerie schließlich zeigte diejenigen, die überlebt hatten.

Sie hatten sich nach Israel durchgeschlagen und dort den nächsten Krieg vor sich, um die Unabhängigkeit: Braungebrannte karge wunderschöne Frauen und Männer.

Ich, ich komme von den anderen …, dachte ich blitzartig, als ich dort hinschaute.

Ganz am Ende mündete die große Gedenkstätte mit weitem Ausblick in die judäischen Berge mit ihren wilden Bäumen und dem Rufen der Zikaden. An dieser Stelle, an der Tür zu Bäumen und Zikaden, ins Offene, erklang die Ha Tikva, die Nationalhymne, aus Dvoraks „Moldau".

Da ging für mich nur noch hemmungsloses Weinen. Was man und frau übrigens ausdrücklich darf, in Israel. Allerdings, wie mir zunehmend klar wurde:

Sie haben *ihr* Weinen.

Ich habe *mein* Weinen.

Es ist das deutsche Weinen.

Bei einem anderen Besuch in Yad Vashem besuchte ich das „Tal der Gemeinden". Dieses umfasst, unten auf dem Talgrund der Gedenkstätte, ein Labyrinth von weit übermannshohen leuchtenden Sandsteinblöcken. In diese Felsblöcke gemeißelt waren die Namen aller derjenigen Gemeinden, welche Opfer in der Shoah zu beklagen hatten, in hebräischer als auch in der jeweiligen Orts-Sprache.

Es waren viele Namen. Es waren unendlich viele. Ich begann, sie abzuschreiben. Und war am Ende des Abends des zweiten Tages noch nicht fertig.

Ich hatte wie besessen geschrieben, geschrieben und immer weitergeschrieben, zunächst noch ordentlich, fast kalligraphisch, später nur noch mechanisch, um alle Namen zu bergen. Viele kannte ich aus Deutschland, einige aus den neu bereisten Ländern im Osten Europas. Am Ende, bei den russischen Namen, konnte ich nur noch die größeren festhalten.

So viele? So viele!!

Zwischendurch war ich nur mehr Wasser trinken gegangen an einem der Kavernenbrunnen, um in der Hitze des Tages nicht zu kollabieren. Ich hielt meinen gips-trockenen Mund japsend unter den kräftigen Strahl.

Ich schrieb ein ganzes schwarzes Buch voll, so viele Gemeinden. Mit diesem Buch kehrte ich aus Israel zurück.

Mein Vater lenkte nach mehreren Monaten Kontaktabbruch ein. Mir wurde nun aber auch bewusst: Er hatte in seiner Bibliothek etwa alle Evangelien-Kommentare von Walter Grundmann zu stehen, die er schätzte und mir ebenfalls zum Studienbeginn geschenkt hatte. Grundmann war extremer Nazi und gründete 1939 in Eisenach ein damals vielfach kirchlich unterstütztes „Entjudungs-Institut". Ganz vage wusste ich davon, erntete aber bei meinem Vater die Antwort, man solle sich mal nicht so haben.

Ich las nach Israel viele vorher geschätzte theologische Bücher neu und wunderte mich. Wo war da die Rede vom Großen Geschwister-Verrat der Christen an den Juden, vermutlich dem größten der Religionsgeschichte? Wo?

Und was alles hatte dieser Große Geschwister-Verrat

zu tun mit dem parallelen Verbrechen des Krankenmordes, dem Bruder Rolf ganz sicher ebenfalls zum Opfer gefallen wäre?

Es ruckte in mir.

Mit meinen Eltern kam es zum scharfen Disput um Werner Best. Best war die Nummer Drei im Reichssicherheitshauptamt und Statthalter der Nazis in Kopenhagen gewesen. Während er noch im Gefängnis saß, aus welchem er nach fünf Jahren ungebührlich früh entlassen wurde, siedelte seine Familie nach Moers über. Seine Tochter wurde Klassenkameradin und enge Freundin meiner Mutter. Zwei – so oder so – vaterlose junge Frauen. Mein Vater und auch meine Mutter sahen in Best den unschuldig Inkriminierten. Vor allem mein Vater konnte sich in Rage reden über jene, wie er meinte, Verfolgungssucht damals nach dem Krieg, unverzeihlicherweise, sogar noch heute, wo doch das Christentum „für Vergebung" stünde.

So stritten wir uns heiß. Ich musste immerzu an die Fischerboote in Yad Vashem denken, an die Dänen, die die Juden gerettet hatten, nachts über die Ostsee nach Schweden. Die Fischer hatten die Juden vor Best gerettet, der für den folgenden Tag die Deportation nach Auschwitz angesetzt hatte. Angeblich war dies falsch, sagte mein hochintelligenter Vater, wider alle gesicherte historische Wissenschaft. Best wollte die Juden doch retten, der gute Best. So stritten wir uns, unversöhnt. Es war an manchen Stellen, ungeschminkt gesagt, schon krass mit meinem Vater.

Und dann gab es das andere, sehr Weiche. Daher wuchs der Plan, endlich nach Tetschen zu fahren, ins tschechische Decin.

Ich las Vaters Flucht-Geschichte. Im Jahre 1946, ein Jahr nach seiner Flucht mit seiner Mutter und seinen drei jüngeren Geschwistern aus Tetschen, da schrieb mein Vater alles minutiös auf. Er schrieb in ein altes blaues Marineheft aus dem Ersten Weltkrieg. Er beschrieb gänzlich genau, zeichnete Karten, ließ nichts aus. Sein Heft harrt fraglos der Bearbeitung durch einen Historiker.

Ich wusste von diesem Heft schon länger. Aber erst jetzt, mit Mitte 40, konnte ich es bewusst lesen. Und war tief beeindruckt. Wie er erzählt, als er verstummt dabeisteht, wie die Haushälterin der Familie auf den Stufen im Treppenhaus von polnischen Soldaten vergewaltigt wird. Und gleich am Tag danach ihm ein kalter Pistolenlauf in den Nacken fährt. Er hatte in einem im Elbhafen liegengebliebenen Schiff hastig Zucker in mitgebrachte Papiertüten schaufeln wollen.

Wie er, mit den drei kleinen Geschwistern an der Hand, zum Tetschener Bahnhof aufbricht und weiß, dass er nie zurückkommen wird. 13 Jahre ist er da alt. Und wird in diesen wenigen Tagen und Wochen zum jungen Mann.

Er muss im zerbombten Dresden entfernte Verwandtschaft auftun, wo sie nächtigen können. Er muss einen überfüllten, gefährlich schwankenden Elbdampfer klarmachen, der sie flussabwärts bis Riesa mitnimmt.

Und schließlich gibt er das Vorab-Kommando, fährt in einem russischen Jeep mit, um in Wurzen einen verlausten Mühlen-Keller als provisorische Herberge zu sichern.

Er holt die vier anderen dorthin nach. Sie warten auf den Onkel, der sie auf abenteuerlichen Wegen von dort mitnimmt in die Mark Brandenburg. Denn alle anderen Wege in den Westen, wo die Familie meines Vaters eigentlich herstammte, waren für lange Zeit zunächst verstellt. Ahnbar wurde mir seine echte Lebensleistung. Seine Mutter und seine drei kleinen Geschwister hatte er heil aus dem aufziehenden Inferno bekommen, das sich mit tschechischen Rache-Aktionen an Deutschen bereits ankündigte.

Mein Respekt wurde noch einmal vermehrt dadurch, als ich mir klarmachte, dass mein Vater zeit seines Lebens kein einziges böses Wort über Tschechen fallen ließ. Die Brandt'sche Ostpolitik – für ihn als konservative Seele bemerkenswert – hat er auch öffentlich als Pfarrer verteidigen können.

Also fuhren wir jetzt endlich selbst mit dem Zug nach Tetschen. In Tetschen fanden meine Frau und ich ein Quartier nur einen Steinwurf entfernt in einer der Straßen am Elbhang, unterhalb des vom ehedem durch die Familie Bartosch bewohnten Hauses.

Wir logierten bei einer alten Ärztin, die unmittelbar nach dem Krieg in ein von Deutschen geleertes Haus hatte ziehen können.

Sie schillerte zwischen einer unverkrampften Herzlichkeit, wie sie das Frühstück brachte. Und dann einem Schatten, wenn es an die lange vergangene Zeit ging, in der ihrer Familie so manches passiert sei.

Sie wollte es nicht weiter ausführen, drehte ihr Gesicht weg.

Von Tetschen aus ging es mit der „Brotbüchse", einem rechteckigen, von geriffelten Blechen zusammengehaltenen Schienenbus in Richtung Lausitzer Gebirge. Ein

Bahnhof Jedlova wurde erreicht, Knotenbahnhof mehrerer Strecken.

Dieser Bahnhof allerdings lag buchstäblich mitten im Walde, nur von einem mittelbreiten, nicht asphaltierten Weg erreichbar, auf welchem vor allem das Bier für die herrliche Bahnhofswirtschaft herangeschafft wurde. Wir aßen dort den schmelzweichen tschechischen Honigkuchen.

Meinen Vater rief ich von hier aus an. Er war dankbar, so mein Eindruck, für diesen Anruf wie für wenige andere in seinem Leben.

In Tetschen reifte der Plan, die weiter östlichen böhmischen Orte der Ahnen aus der Familie Bartosch abzufahren. In Tetschen selbst war mein Vater noch einmal gewesen, östlicher noch nicht und wollte es nun altershalber auch nicht mehr.

Da gab es eine Liste mit den Geburts- und Todesdaten jener Vorfahren. Meine Mutter hatte sie einmal in Schreibmaschinenschrift auf einer einzelnen Seite zusammengefasst. Dass jene Liste, wie ich erst viel später erfuhr, mit der SS zusammenhing, hatte ich damals nicht im Hinterkopf.

Diese Liste führte jetzt meine Frau und mich nach Ostböhmen. Sie führte durch die Schönheiten des Adler- und Altvater-Gebirges.

Die unmittelbaren Gräber der Vorfahren waren nicht anzutreffen, allerdings jüngere mit dem Namen „Bartosch". Ein alkoholisierter und verwitweter Architekt nahm uns nach einem solchen Friedhofsbesuch als Gast seines ausgeschilderten Fremdenzimmers auf. Er trieb trotz anfänglicher Befürchtung keinen Schabernack mit uns, sondern nüchterte nach und nach aus und wusste in

seiner urgemütlichen Küche ein opulentes (und unvergif-
tetes) Pilzgericht zu bereiten.

Das tschechische Gemüt symbolisiert mir am schöns-
ten der 1972 geborene Dichter Jaroslav Rudiš. Er ist das
Wagnis eingegangen und hat es bravourös gelöst, jüngst
eine „Gebrauchsanweisung fürs Bahnreisen" zu schreiben.
Sie validiert in höchster Kennerschaft Biere, Speisewägen,
Lokremisen, Bahnhofs-Cafés. Kennende wird es nicht
überraschen, dass Tschechien hier – noch! – um Klassen
besser wegkommt als das Land der Deutschen Bahn. Der
„Gebrauchsanweisung" vorab schrieb der tschechische
Eisenbahnersohn Rudiš das Buch „Winterbergs Reise". Er
erzählt darin eine Bahnfahrt voller puppenlustiger und
zugleich Luft abschnürender Tiefen aus dem Adlergebirge
hinunter über Wien bis nach Bosnien. Mit höchstem
Recht gewann Rudiš damit den Leipziger Buchpreis.

In diesem Roman wird von Nord nach Süd das alte
Österreich-Ungarn beschworen und dessen tiefe Antise-
mitismen werden nicht verschwiegen. Es wird erzählt als
vertrackte, vorkriegliche Liebesgeschichte des höchstbe-
tagten Romanhelden Winterberg mit seiner jüdischen
Lenka. Diese Lenka-Geschichte lag immerzu, die ganze
Reise lang, in Winterbergs seelischem Gepäck.

Genau solches Gepäck hatte ich, deutlich jünger als
Winterberg im Roman, auch immer dabei. Im Gepäck
fuhren noch andere Seelen mit. Wohl die der Ahnen, aber
auch diffuser anderer.

Es waren Momente wie oben in der Masaryk-Hütte
auf der Höhe des Adlergebirges, einer verzauberten, drei-
stöckigen Holzbude. Nachts gingen die Winde ums Haus,
nahmen dem Schlaf seine Tiefe.

Und es tauchten Gesichter auf. Sie waren nicht zuzu-
ordnen. Und sie hießen nicht einfach nur „Bartosch".

Die vorerst letzte von etwa 20 Ost-Reisen unternahm
ich vor acht Jahren nach Belzec. Obwohl jenes ostpolni-
sche Dorf in der europäischen Geschichte eine zentrale
Rolle spielte, war mir sein Name über lange Zeit nur am
Rande begegnet. In Belzec, Sobibor und Treblinka hatten
die Deutschen 1942 samt ihrer Helfershelfer in wenigen
Monaten fast einenhalb Millionen jüdische Menschen
aus Polen und aus anderen Ländern Europas vergast.

Einmal die Einwohnerschaft Münchens.

Nach Belzec fuhr ich, weil unter vielen, vielen anderen
wohl auch Richard aus Lemberg, aus dem heutigen Lviv,
dort ermordet wurde, der Vater einer jüdischen Freundin
aus der Familie meiner Frau. Aber vermutlich waren es
noch andere, sehr eigene Gründe, dorthin zu fahren. Ich
wusste es nicht, fuhr einfach los.

Ich kam von Zamosc aus, der bestechend schönen
Kleinstadt voller UNESCO-Welterbe-Renaissance. Ich
fuhr zunächst mit einem bequemen großen Reisebus,
danach mit einem zugigen Sammeltaxi. Bahngleise tauchten nach einer Stunde Fahrt auf: Die vormalige Hauptstre-
cke von Odessa über Lemberg und Lublin nach Warschau.

Nahe den Güterschuppen am Bahnhof – „Belzec" war
gut zu lesen – ließ sich ein neu gepflanzter Kiefernwald
einen Hügel hinauf erkennen, die um eine riesige Leere
herumstand. Dort hatte das Vernichtungslager gestanden,
vier kurze Monate lang.

Dort stand seit nach der Jahrtausendwende eine
Gedenkstätte. Außer einer Australierin und der gelang-
weilt an der Pforte rauchenden Zugehfrau war ich drei
Stunden lang der einzige Besucher.

Die Gedenkstätte war, falls sich dies so sagen lässt, eindrücklich gestaltet. Berge von Steinen, hineinasphaltiert in den Boden. Und mitten hinein fräste sich ein tiefer und tiefer werdender Gang, bis hin zum genauen Ort, wo die Gaskammer stand.

Stand man dort unten, war man umgeben von vielen Metern mit Bergen von Asche und Knochen. Man konnte umdrehen oder auch links wie rechts zwei extrem steile und schmale Treppen hochsteigen mitten durch diese Berge. Um es genau zu sagen: Vermutlich handelt es sich nur noch um Reste jener Asche und jener Knochen, weil noch während des Krieges als auch unmittelbar danach viel Asche und viele Knochen einfach in der Umgebung verteilt wurden.

An der niedrigen Außenmauer, bis zum rahmenden Kiefernwald des ganzen großen Steinfeldes hoch, waren nun eine endlose Reihe von Metallplatten mit Namen eingelassen, auf Hebräisch als auch in der jeweiligen Heimatsprache. Die Namen aller der Orte waren zu lesen, aus welchen die Opfer kamen.

Noch nie war ich an einem Ort, wo so viele Seelen gen Himmel aufgestiegen sind. Vermutlich werde ich – außer ich reise nach Treblinka, Sobibor oder noch einmal nach Auschwitz-Birkenau – nie mehr an einen Ort kommen, wo so viele Menschen gewaltsam sterben mussten.

Von hier aus telefonierte ich nach Israel.

Und nach Deutschland.

Und … in die Leere.

Auf der Rückfahrt kam ich nach Lodz. Ich umkreiste das Ghetto, aus welchem längst eine normale schäbige Vorstadt geworden war. In einem eher ranzigen Supermarkt kaufte ich einen Joghurt.

Ich fühlte mich eigenwillig beobachtet. Den Joghurt trank ich auf einer Bank vor dem Supermarkt. Er schmeckte nicht. Nichts schmeckte dort.

Ist alles schrecklich in Polen? Mitnichten, vor allem weil das Schreckliche einen deutschen und keinen polnischen Namen hat.

Eher verbinde ich mit dem Land Polen Erfahrungen hoher Sinnlichkeit. Geweint habe ich vor Glück, als ich in Warschau, wo ich noch einmal Station gemacht hatte vor Belzec, um die Ecke einer kleinen Straße auf den breiten barocken Königsweg einbog. Ich lief mitten in eine belarussische Brass-Kapelle hinein. Die Gnade hatte ich, ihr fast zwei Stunden über jenen wahrlich königlichen Weg der polnischen Hauptstadt im wogenden langsamen Tempo folgen zu dürfen.

Wo holten *die* denn ihre Töne her?

Wohin wandten *die* sich denn mit ihrem jauchzenden klagenden jubilierenden Spiel?

Wer rief die?

Wen riefen sie?

In Lodz saß ich, wenige Stunden nach dem verquälten Joghurt, vor der berühmten Filmhochschule. Da legten junge Studierende auf einmal ein paar geniale spontane Szenen aufs Pflaster. Ich musste an „mein" living theatre denken.

Am kommenden Morgen saß ich in einem in die Jahre gekommenen russischen Grandhotel beim exzellenten polnischen Frühstück, wo allein schon die Farben des Buffets Appetit machten.

Ich saß einem alten Israeli gegenüber. Einmal pro Jahr, so erzählte er, reise er von Tel Aviv nach Berlin und nach Lodz. Nur noch dorthin, seit Jahren, als Künstler. Aber, dies erst sagte er beim Aufstehen und Abschied, das Gesicht bereits weggedreht, er komme jedes Jahr wegen „der ganzen Familie, die immer gefehlt hat." Er war solch ein wunderschöner alter Mann, wie ich ihn selten sah.

Und so wie er sich wegdrehte, musste ich es auch.

Vor Scham.

Vor Dankbarkeit.

Vor Schlucken.

Als ich am Bahnhof Lodz Kalisza auf meinen Zug heimwärts wartete, ging mir der wunderschöne alte Mann nicht mehr aus dem Kopf.

Sein Satz mit dem „… die immer gefehlt haben." Er und seine Familie stammten aus dem Opfervolk.

Und ich ahnte: Ja, in ganz anderer Form auch mir, aus dem Tätervolk, auch mir fehlen so viele, fehlt so vieles …

Winterberg reiste mit seinem Gepäck, dem nagenden Fragen nach Lenka. Der alte Mann aus dem Lodzer Hotel reiste – und spürte täglich die, die ihm fehlen. Auch ich reiste – und spürte bei jeder Reise mehr die Leerstellen, die Voids …

5 Ausland und „Vaterland"

Vor gut zehn Jahren zogen meine Frau und ich, der Arbeit halber, nach Magdeburg.

Ostdeutschland, Magdeburg.

Ich wusste vom Osten Deutschlands – wie wohl die meisten westdeutschen Menschen – sehr wenig. Und recht bald hatte ich zu mir zu nehmen, dass ich in der Hauptstadt Sachsen-Anhalts gleichsam als Ausländer lebte, selbst wenn alle hier deutsch sprachen und mir eine hohe Offenherzigkeit entgegenkam in meiner Arbeit als Seelsorger.

In einer der wenigen Altstadtstraßen, die das Bombardement des 16. Januar 1945 überlebt hatten, schaute ich steil hinauf zum hochgotischen Chor und Schiff der Wallonerkirche. Hier wurde, dereinst gesamtdeutsch, im Jahre 1958 „Aktion Sühnezeichen" gegründet, um in Form freiwilliger Arbeitscamps Zeichen zu setzen in genau jenen Ländern, mit denen das nationalsozialistische Deutschland im Krieg gewesen war.

Hier schrieb Magdeburg Geschichte. „Aktion Sühnezeichen" umkreist mit seiner Arbeit möglicherweise am genauesten und ehrlichsten, was mich seit langem umtrieb. Die Leerstellen, die Voids, das Gepäck. Nun landete ich in seinem Geburtsort.

Überhaupt griff Magdeburg, griff der Osten in seinem fremden Blick erstaunlich genau in meine Seele und zog die Kreise um meine Leerstellen enger. Auf der Seeblick-Terrasse eines nicht schlechten Restaurants im Plattenbau-Viertel „Neustädter See", bei Soljanka und Pommes mit Letscho, waren vermutlich lange keine westdeutschen Gäste mehr gesessen. Am Nachbartisch von uns wurde ein 70. Geburtstag gefeiert, großzügig und kleidsam. Es waren ausschließlich Machdeborjer Stimmen zu vernehmen. Erzählt wurden je länger je mehr die Geschichten, wie „der Westen" „uns im Osten" so verdammt verarscht habe, nach der Wende.

Im Bootshaus an der Elbe in Salbke frickelten das ganze Jahr über Männer an schlichten, aber sehr stabil aussehenden Schiffen. Oft kam ich dort vorbei bei meinen Radtouren die Elbe entlang. Vermutlich keiner dieser Männer war ein Westdeutscher. Alle hatten in den Werken der längst geschlossenen Schwermaschinen-Kombinate des südöstlichen Magdeburg gelernt. In den Schuppen standen vielfach gebraucht aussehende Werkzeuge. Mir linkshändischem Menschen, als ich verstohlen hineinschaute, gaben sie das Signal, dass hier mit Altmetall und mit Plaste so sorgsam umzugehen sich gehört, wie von Kindesbeinen an gelernt.

Im Puppentheater in Buckau schließlich, um die Ecke unserer Wohnung, hatte sich ein Ensemble versammelt um eine der stärksten Figurinen-Sammlungen Europas. Sie spielen regelmäßig ihren kleinen Saal zur Glut. Wenn dort im „Untertan" von Heinrich Mann ganze Klo-Rollen-kaskaden durch spitznasige, scharfbrillige Stabpuppen ins Tanzen gebracht wurden. Wenn, im Kinderstück ab vier Jahren, die Schildkröte ihren Geburtstag feiert und sich eine Handpuppen-Zoologie der Sonderklasse um einen beblumten Gabentisch sammelt. (Diese Aufführung schenkte ich mir selbst einmal zum Geburtstag.) Oder wenn die Masken-Puppen des Dicken´schen „Kleinen Lord" die Weihnachtswelt so herbeizauberten, dass ein rares Mal damit keinerlei Konsum-Einheizung verbunden wurde.

Adventliche Veranstaltungen betrachtete ich in der Regel allergisch wegen allem möglichen Kitsch oder allzu bürgerlichem Ernst. Hier war es anders und wärmte mein Herz.

So wie Magdeburg, so auch Sachsen-Anhalt. Mitten in der Altmark standen fünf Handvoll Häuser um eine alte Abteikirche in Diesdorf, deren romanische herbe Schönheit jener kindheitsgesehenen in Alpirsbach in nichts nachstand.

Zwei Kinder wippten scheinbar endlos auf dem einzigen Spielplatz. Die Bäckerin fegte ihren Laden aus und winkte kurz herüber. Ansonsten – ein entfernt sich mühender Rasenmäher, zwei kleine Kläff-Hunde. Alle paar Minuten mal ein Pickup oder ein Ford Fiesta.

Ansonsten: Stille.

Auch: Leere.

Diese Leere beglückte mich, manchmal irritierte sie mich auch. Und sie machte letztlich Raum für etwas, was nur hier geschehen konnte.

Einige Dörfer weiter, in Tylsen, lernte meine Frau während einer Umrundung von Sachsen-Anhalt zu Fuß ein süddeutsches älteres Paar kennen. Sie renovierten den alten Kuhstall des zerfallenen Gutes und betrieben dort feine Kulturarbeit mit einem dörflichen Verein.

Beim kleinen Jahresfest saß es sich da auf einfachen Stühlen im Gras unter Apfelbäumen. Die Bauern tauten langsam auf, erzählten von ihrer LPG, vom Wegzug ihrer Kinder und Enkel, von den geschlossenen Postämtern selbst in mittelgroßen Städten und dass sie mit der neuen Zeit nicht mehr mitkommen wollten.

Schwalben schlugen hin und her, der Kuckuck rief sich besoffen, und im selbstverständlich romanischen Kirchturm schlug die geduckte Glocke. Das war alles nicht romantisch, aber in seiner herben Tiefe sehr schön.

In so vielen dieser Begegnungen in Magdeburg und in Sachsen-Anhalt nahm mich eine Haltung vieler ostdeutscher Menschen ein, deren fast kleingärtnerische Untertourigkeit mir nahezu als eine Methode erschien. Ihre offensichtliche Lebensklugheit, Bildung und Erfahrung wollten sie bloß nicht den Ungebührlichen oder den vermeintlich Schlauen zeigen.

Mein Respekt vor vielen Ostdeutschen ist in all den Jahren erheblich gewachsen. Offensichtlich waren sie uns Westdeutschen im Meistern von Krisen voraus. Dieser Osten Deutschlands ist Teil der einst mir Westdeutschem verborgenen Welthälfte aus Zeiten des Kalten Krieges. Hier, in der östlichen Welthälfte, lagen geballt jene Orte, die ich seit 1997 mit so vielen Fragen und Rätseln aufsuchte. So war es exakt hier in Ostdeutschland, wo die Angelegenheit mit meinem Erbe hochkam.

Mein Vater starb, 2018. Meine Mutter zog in ein Altenheim, in welchem sie am Dreikönigstag 2023 verstarb. Im selben Jahr 2018 wurde mein erstes Enkelkind geboren. So war es ein Schaltjahr für mich.

Die elterliche Wohnung war aufzulösen. Dabei fanden sich im mütterlichen Schreibtisch ganz unten die familiären Dokumente. Das alleruntersten war eine Ahnentafel für den Aufnahmeantrag in die SS.

Das SS-Zeichen selbst war natürlich abgeschnitten worden, nach dem Krieg. Aber die in einer dicken Mappe beiliegende Korrespondenz sprach deutlich: Mein Urgroßvater Franz Bartosch erbat für seinen gleichnamigen Sohn Bestätigungen vieler deutscher und tschechischer Pfarreien, dass der Sohn christlich, mithin „arisch" sei. Die SS nahm nur solche auf, die die sogenannte „arische" Herkunft bis 1800 durch beglaubigte Kirchbuch-Abschrift bezeugen konnten.

Mein Urgroßvater schrieb auch ausdrücklich, dass sein Sohn Franz, Beamter im Gehobenen Dienst des Zolls und dort bereits „Politischer Leiter" (also definitiv langjähriges Partei-Mitglied der NSDAP), dass dieser Sohn für höhere Aufgaben bereitstehen solle. Zu diesen Aufgaben zählte der Urgroßvater, übrigens ein vormaliger Zentrums-Politiker und beinfrommer Katholik, ausdrücklich die SS.

Bei Oma und ihm hatte ich in Köln oft wunderbare Geborgenheiten, als es mit Rolfs Behinderung arg wurde.

Das Brombeertoast, von dem schon im ersten Kapitel zu erzählen war. Und im großelterlichen Kleingarten durfte ich mit dem Roller ums Beete-Geviert pesen, bis ich vor Müdigkeit umfiel.

Bei Opa hatte ich das Wandern gelernt und seinen Kompass geerbt.

Opas Erzählkunst mir und der ganzen Enkelschar gegenüber war beredt. Was er alles erlebt hatte!

Und was er alles ausgelassen hatte. Jetzt kam es heraus. Just im Zimmer neben demjenigen mit dem Sekretär fanden sich die etwa 125 dicken Leitz-Ordner, in denen mein Vater seit vielen Jahrzehnten Rolf verwaltete. Diese Ordner hatte ich nun in zehn Tagen und Nächten allesamt zu sichten. Und viele der damit verbundenen Aufgaben für Rolf hatte ich zu übernehmen.

Eine toxische Mischung. Vor allem, da ich ohne jede Vollmacht und ohne jede Kontokarte dastand. Mein Vater war da nicht primär misstrauisch mir gegenüber gewesen, sondern einfach grotten-kompliziert.

Was war nun zu regeln? Es ging um die Versorgung von Rolf. Es ging auch um meine Mutter im Heim. Es ging um die Leitz-Ordner. Es ging um die SS-Aufnahme-korrespondenz.

Und es ging konkret um das Antreten eines Erbes, von dem ich in Umrissen wusste, das ich aber immer ausdrücklich von mir entfernt hielt:

Mein Vater hatte zu Anfang der Neunziger Jahre gemeinsam mit seinen Geschwistern und einer weiteren Cousinen-Schar einen hohen sechsstelligen Betrag geerbt von der Schwester seines Vaters, von Johanna Steinmeier geborene Bartosch.

Diese Schwester zog als junge Frau in den goldenen Zwanziger Jahren, nun muss ich ausholen, aus dem eng-katholischen Münster nach Berlin. Sie lernte dort den etwas älteren, ebenfalls aus Westfalen stammenden Gustav Steinmeier kennen, der aus allem Geld machen konnte, was dem Bartosch'schen Beamten-Ideal in keiner Weise entsprach.

Steinmeier investierte in Vergnügung. Lokalitäten im Tag wie Nacht glühenden Süd-Ende der Friedrichstraße gehörten ihm. Mädchen hatte er laufen. Eine rare Konzession des Moselweins „Kröver Nacktarsch" besaß er.

1933 bekam er kurzzeitig Ärger mit der SA. Man sperrte ihn sogar kurzfristig im Lager Columbia ein. Aber er konnte wohl Gras wachsen hören und mit Worten allen schmeicheln. So gelang es ihm, mächtig Oberwasser zu bekommen im Nachtleben Berlins. Die abwechselnd verklemmten, ledergeilen und homophoben Nazis schafften dieses Nachtleben mitnichten ab, sondern wussten es für den Aufbau des „Volkskörpers" zu nutzen.

All dies geschah rund um das sagenhafte „Haus Vaterland" am Potsdamer Platz, wo wirklich das Herz der Metropole zu schlagen schien. Auf einem Dutzend Bühnen sowie in einem Dutzend modernster Event-Cafés feierten sich im „Vaterland" die Roaring Thirties.

Das berühmteste der Cafés befand sich in einer drapierten Rheinpartie der Loreley. Die Bühne war ein Teich, auf welchem Kähne pendelten. Von Backstage wurden stündlich veritable Gewitter-Einlagen hineingeworfen. Der Teich versank dann in Wasser, das aus Düsen von der Decke hinunterklatschte. Die Gäste der ersten Tischreihen hatten sich dabei kreischend zu schützen.

Steinmeier verdiente im Orbit vom „Vaterland" sein Geld. Womit ganz genau, das blieb vage. Auch bei meinen Großvätern waren ja entsprechende Angaben jener Jahre nicht zufällig im Verschwommenen gehalten.

Zu bestaunen ist bei Steinmeiers Hinterlassenschaft eine wertvolle, nicht wirklich stilsichere Villa am Geltowsee im Edelgürtel Berlins, südwestlich von Potsdam. Zu bestaunen sind Fotos von Johanna und Gustav, wie sie mit dem Luxusdampfer zur Hochzeitsreise in die Staaten aufbrachen. Von da an genossen sie in vielen schweizerischen Luxusresorts die Winterferien und in italienischen Großhotels die Sommerferien.

Die bildschöne Johanna blieb kinderlos. Und Gustav, so die Fama eines kleinen Teils der Familie, sorgte mit der Einstellung eines jüdischen Hausmeisters für Vorsorge für den Fall der Fälle. Auch wird berichtet von üppigen Mahlen mit Alkohol und gewiss auch mit Frauen mit Gustavs Freund Joseph Goebbels.

Das buchstäbliche Bombengeschäft wartete auf Steinmeier, als er – bereits zur düsterer werdenden Mitte des Krieges hin – auf des Freundes Goebbels Bitte hin – die Versorgung der Frontheimkehrer übernahm.

Die Soldaten mussten am Ostbahnhof aus den Zügen von der Front heraus, um dann zum Verschnaufen und Kinderzeugen in den Westen und Südwesten des Nazi-Reichs weiterzufahren. Auf dem Weg vom Ostbahnhof zu den Bahnhöfen gen Westen und Südwesten kamen sie unweigerlich am „Haus Vaterland" am Potsdamer Platz vorbei.

Jene Zehntausende Soldaten pro Woche sollten die Klappe halten über das, was sie „im Osten" gesehen hatten und daher unbedingt bei Laune gehalten werden, wozu ein guter Wein immer hilfreich sein konnte.

Fast in Ehrfurcht kann man vom Steinmeier reden hören, wie der den wahrlich riesigen allnächtlichen Soldaten-Bespaßungs-Betrieb im „Vaterland" über Monate am Rollen hielt. So jedenfalls erzählt es der vormalige Chef-Kellner des „Vaterland" in einem Audio-Interview der Siebziger Jahre. Dieses Interview fand ich, als ich monatelang nach Vaters Tod im Netz recherchierte. Auch alle anderen hier zu lesenden Skizzen zu Steinmeier beruhen auf meinen Netz-Recherchen.

Die Familie, sie redete nur von der Villa, vom „Vaterland". Und nur mein Vater sprach auch noch von Gustavs angeblich jüdischem Hausmeister – und von Goebbels.

Steinmeier und seine Johanna, sie überlebten den Krieg. Und sie landeten in Bonn, wohin es den Vater von Johanna, meinen Urgroßvater, verschlagen hatte. Gustav betrieb dort recht schnell ein neues „Café Kranzler". Es müssen schweizerische Konten gewesen sein, die ihn nach dem Zusammenbruch aller Geschäftsgrundlagen in Berlin und nach der Konfiskation seiner Geltow-Villa durch die Sowjetunion exzellent mit Geld versorgten. So exzellent, dass er mitten im renommierten Stadtpark vom heute zu Bonn gehörenden Bad Godesberg sein großes Café aufbaute. Dort verabredete sich die Prominenz der neuen Bundeshauptstadt. In einer Ausgabe der „Zeit" von 1952 findet sich ein Artikel über Gustav Steinmeier. Er wird dort lobend der „Bundeskranzler" genannt, in Anspielung auf das Café.

Gustav und Johanna hatten, wie es damals hieß, eine freie Ehe geführt. Bei einem seiner nächtlichen Frauen-Gänge, wie die weitere Fama erzählt, stürzte Gustav in eine Baugrube. Er ertrank oder verstarb dort kurz darauf an den Sturzfolgen, mit knapp 60 noch sehr jungen Jahren.

Eine der ersten Amtshandlungen meines Vaters als junger Pfarrvikar 1959 war es, den aus der Kirche ausge-tretenen Gustav mit Sondererlaubnis des Landeskirchen-amts zu bestatten. Das Amt wird auf seine Kosten gekom-men sein, mein Vater auch. Er erbte Gustavs Anzüge und trug sie alle auf. Gustavs englische Wendejacke kam in meiner Pubertät auf mich und war mein mit Abstand vornehmstes Kleidungsstück.

Nach jener Beerdigung verkrachte sich die Bartosch-Familie; Johanna verzog ins oberbayerische Murnau. Nur meine Tante Dorle hielt Kontakt zu ihr.

Johanna setzte dieweil ihren neuen, jüngeren Gelieb-
ten als Alleinerben ein. Dieser verstarb, Johanna wurde
dement, hatte ihr Testament nicht verändert gehabt. So
kam das viele Geld, samt Schmuck und Grundstücken,
auf die Großfamilie Bartosch zurück.

Das war etwa 1991. Mein Vater teilte sein Erbteil,
freiwillig und unaufgefordert. Dem Landschaftsverband
Rheinland als Kostenträger für Rolf überwies er die
Hälfte des Erbes. Dies entsprach von der Summer her
etwa denjenigen Zahlungen, die der Landschaftsverband
über viele Jahre für Rolf nach Scheuern überwiesen
hatte.

Seine Verwandten belächelten damals meinen Vater.
Ich selbst war froh über die väterliche Überweisung,
wollte aber mehr auch nicht wissen. Erstens wegen der
rasenden Kompliziertheit meines Vaters in allen solchen
Angelegenheiten, zweitens weil ich damals wohl nicht
zufällig schlicht Angst hatte vor unguten Eröffnungen
und Familiengeheimnissen.

Nun, nach Vaters Tod, hatten meine Mutter, mein
Bruder und ich die Erbfolge anzutreten. Es tauchten die
erwähnten Komplikationen auf, als ich ohne Kontokarte
und Vollmacht dastand. Mein Boden schwankte. Ich hatte
endlos viel zu regeln, aber nichts in der Hand.

„Haus Vaterland", so empfand ich zunehmend, hatte
sich wieder gemeldet. Das Gepäck …

Darüber bin ich krank geworden. So begann ich zu
recherchieren.

Und erfuhr zunächst all das, was ich zum Lebenslauf
von Steinmeier zusammentragen konnte. Dieser Lebenslauf war aber noch viel weiter verstrickt. Zu reden ist von
der Arisierung des nicht nur von Steinmeiers Dollheiten,

sondern, wie sich herausstellte, auch von der Kempinski-Familie aufgebauten und getragenen „Haus Vaterland".

Der „arische" Aschinger-Clan hatte 1937 Kempinski für einen Spottpreis und mit den üblichen juristischen Schweinereien übernommen. Aschinger war über Jahrzehnte unmittelbarer Berliner Konkurrent gewesen und Betreiber der ersten deutschen Schnellimbisse. Die Buletten ließen sich bei Aschinger buchstäblich und noch gewärmt aus der Wand ziehen, aus einem beheizten Glasfach.

Nicht nur die Immobilie des Hauses „Vaterland" wurde damals geklaut, sondern der goldene Name Kempinski. Und da war Steinmeier zwingend mittendrin gewesen, vermutlich als Subunternehmer vom Aschinger, Weinlieferant und Strippenzieher. Und nach 1937 war Steinmeier halt auch beim Kempinski.

Das nackte Gebäude von „Haus Vaterland", direkt an der vormaligen Sektorengrenze gelegen, wurde bereits 1950 dem Verfall seiner ruinös zerbombten Reste übergeben und 1975 endgültig planiert.

Es ging seit langem viel mehr um den Namen, um „Kempinski" und um die davon abgeleiteten Namen. „Kempinski" verbindet sich mit Adressen wie „Café Kranzler" und „Grand Hotel Kempinski am Kurfürstendamm", welches seit vielen Jahren „Bristol" heißt. Alles vormaliger Gründungs-Besitz der Kempinski-Familie. Eine müde Tafel am „Bristol" in der Fasanenstraße, just gegenüber dem Jüdischen Gemeindehaus, hat man sich als Erinnerung abgerungen.

Mit dem „Kranzler", dem geklauten Namen, war Gustav Steinmeier in Bonn reüssiert. Die damals in Bonn regierenden Herren Alt-Nazis Globke und Oberländer dürften noch allzu gute Erinnerungen gehabt haben, wie sie mit Goering, Goebbels und Rosenberg um den Tisch saßen im Berliner „Kranzler". Nun konnten sie im Bonner „Kranzler" einfach weitermachen und auf den allgemeinen Neu-Anfang ihr Glas besten Weins erheben. Ihr Glas werden sie oft auf die damalige Justiz zu erheben gehabt haben.

Leuten wie Steinmeier war es gelungen, mit dem geklauten Namen „Kranzler" aus dem Imperium des geklauten Namens „Kempinski" unverschämt viel Geld zu machen, und dies auch noch formal legal.

Solche Art Namensklau von klingenden Namen vormals jüdischen Besitzes war verbreitet in der jungen Bundesrepublik, und immer von Gerichten durchgewunken worden.

Es gibt schon länger keine direkten Nachfahren der Kempinski-Familie mehr. Fast alle konnten vor dem Krieg noch rechtzeitig fliehen nach Großbritannien und in die USA. Jahrzehnte später starben sie auf natürlichem Wege aus, so wie die Steinmeiers. US-amerikanische und britische Gerichte bestätigten dies mehrfach.

Ein Großneffe der Kempinskis war zu Kriegszeiten noch in Berlin verblieben, diente als juristische Strohpuppe und Namenshalter, bis man ihn nach Auschwitz brachte und dort tötete. Alle Spuren wurden vergraben.

Unmittelbar vor der großen Ukraine-Demo am 27. Februar 2022 ging ich, als ich in Berlin weilte, zum Potsdamer Platz, um wieder einmal zumindest im Augenwinkel den Ort des „Vaterlandes" zu inspizieren, der längst hässlich neubebaut wurde. In einem Allerwelts-Shop fand ich einen neuen Bildband über das „Vaterland", der erstaunlich ehrlich die ganze Geschichte, auch der Arisierung und des Namenraubes, zusammenfasste. In einem Wutanfall zerriss ich das Buch drei Tage später und warf seine Reste in Magdeburg aus meinem Fenster auf die Straße.

Noch in Berlin hatte ich auf dem riesigen Jüdischen Friedhof in Weißensee einen Stein am fürstlichen Grab des Firmengründers Kempinski hingelegt – und ihm gedankt.

Eine sehr dürre Geste, aber immerhin diese musste zunächst geschehen.

„Vaterland" in seiner Arisierung kam mir gemeinsam hoch mit Opas SS-Geschichte. Erst jetzt begann ich im Internet zu suchen, was leitende Zöllner, wie mein Großvater einer gewesen war, in der Nazi-Zeit so getrieben haben. Gewiss, so wurde mir bald klar, hatten sie nicht wie die Förster den Wald gehegt.

Diese „Förster"-Vorstellung hatte sich deshalb in meiner Seele abgelagert, weil der erzählfreudige Opa uns Enkeln immer die dollsten Schwänke aus seiner Zöllner-Zeit erzählen konnte. Dabei stand meist Emmerich im Mittelpunkt, wo er als noch recht junger Zöllner den Luxuszug „Rheingold" filzen durfte. Der machte in Emmerich Grenzstation auf seiner Fahrt von Hoek van Holland nach Basel und Genf. In Hoek bestand unmittelbarer Transfer auf das Schiff nach Harwich, von wo aus es im Nachtsprung bis London ging.

Also saßen im „Rheingold" die wohlhabenden britischen Diplomaten neben hochblonden niederländischen Kaufleuten, schweizerischen Bankiers und oberitalienischen Textil-Baronen. Und der Opa hatte sie alle zu filzen.

Einem Maharadscha entwand er einmal Tausende Schweizer Franken aus dem Turban. Und einer Rotterdamer Kaufmannsfamilie zog er Genever-Flaschen aus allen nur möglichen Körperwinkeln.

Den großgrundbesitzenden Verehrern des ins Exil geflohenen Deutschen Kaisers las er die Leviten und kassierte deren Devisen.

Später, als mein Großvater befördert wurde in die stellvertretende Leitung des Hauptzollamtes Duisburg, da rührte er tagelang in Weizenladungen auf belgischen Schiffen auf dem Rhein, um ganz unten zielsicher die Diamanten sicherzustellen. Dies und vieles mehr wusste er ausführlich und mit seinem Gebiss malmend uns Enkeln zu erzählen. Die Oma fand es zugleich lustig und immer auch ein wenig übertrieben, wie sie den Opa merken ließ.

Nun aber verstand ich, besser: wollte erst jetzt verstehen, was alles der Opa nicht erzählt hatte: Die Beamten des Zolles hatten im Wesentlichen die Aufgabe der Arisierung zu betreiben, jedenfalls ab spätestens 1935. Sie hatten die ominöse „Reichsfluchtsteuer" einzutreiben, eines der durchtriebensten Worte und eine der perfidesten Rechtspraxen der Nazis. Denn nur blank gezogene Juden durften ausreisen aus dem Deutschen Reich, solange dies bis etwa 1939 noch ging. Und die, die blieben, wurden noch blanker gezogen, weil sie ihre Betriebe und Werkstätten und Häuser und Wohnungen weit unter Preis zu verkaufen hatten und in engen „Judenhäusern" zusammenziehen mussten. Das alles musste „ordentlich" geschehen.

Da sich die SS und das Finanzministerium lange stritten, wer im Zoll das Sagen hatte, fand sich ein Mittelweg. Letztlich wurden beide zuständig, was die Frage nach der Mitgliedschaft des Opa in der SS nahelegte.

Es hieß einmal, die in der Tat NS-skeptische Oma habe ihn abgehalten, Mitglied zu werden.

Das ist durchaus möglich. Was aber genau war, entzieht sich der Kenntnis.

Und spielt auch nicht die entscheidende Rolle im Blick auf die damalige Arbeit des Opa. Viel wesentlicher: Was konkret war seine Arbeit?

Der Opa kam 1938 von Duisburg aus nach Tetschen im Sudetenland, wo er allerdings wenig vor Ort zu tun hatte. Es steht zu vermuten, dass er in umfängliche Arisierungen der nordböhmischen Industrie involviert war.

Vielleicht auch bei Verwandten jener Ärztin, bei der wir in Tetschen 2008 nächtigten? Oder bei Verwandten jener Gäste der Bahnhofswirtschaft des Waldbahnhofs in Jedlova? Oder saß ich jenen Verwandten in Jerusalem in der Straßenbahn gegenüber? Oder waren sie allesamt verhungert in Theresienstadt, unweit von Tetschen? Oder waren sie nach Auschwitz deportiert worden?

Meine eigene Seele rutschte immer wieder hoch in all den Recherchen. Und mir wurde diffus spürbar, was bei all den Reisen gen Osten so präsent war.

Jene gleichsam Winterbergische Frage: Wer alles liegt im Gepäck? Die Frage, die nie präzise beantwortbar sein wird und weiterhin Leerstelle um Leerstelle wirken wird.

Aber immerhin, es tauchten jetzt Geländer in der Leere auf. Und zumindest ein paar Maschen des Gepäcknetzes. Der Opa kam für Arisierung recht bald nach Kriegsbeginn nach Lille, auch die nordfranzösische Eisen- wie Textilindustrie war weitgehend jüdisch. Er muss viel zu tun bekommen haben. Angstfrei wie er sonst war, wehrte er nichts so sehr ab wie die Vorstellung, nach dem Krieg noch einmal französischen Boden betreten zu müssen. Gab es dort Akten? Opa streute später die Fama, er wäre im flandrisch-französischen Grenzgebiet für „Germanisierung", rein sprachlich natürlich, zuständig gewesen. Mein Vater glaubte dies. Ich, seit wenigen Jahren, nicht mehr.

Dann ergab sich wohl in Opas Laufbahn jene schon erwähnte Episode mit dem „Ministerium des Deutschen Ostens". Die Aufträge müssen härter geworden sein. Warschau, was immer dort oder von dort aus zu tun war. Lodz und Belzec waren nicht mehr weit … Auch nicht die Karpaten, von deren Gewitter und Gitarren ich über so viele Jahre Träume hatte.

Ein einziges Mal erzählte Opa meinem Vater von einem Auftrag in Litauen. Und dass er Angst vor den Partisanen gehabt hätte. Ein einziges Mal tauschten mein Vater und ich uns aus, was wir über seinen Vater wussten. Verrückterweise bestätigten sich die wenigen Angaben oder ergänzten sich sogar. Mein Vater wusste nichts von Warschau. Ich wusste nichts von Litauen.

Als mein Vater und ich uns, im Grunde nicht lange vor seinem Tod, darüber austauschten, da wusste ich schon seit längerem, dass ich moralisch zu keinem Urteil berechtigt bin. Schon längst stehe ich im tiefen Zweifel, ob ich anders hätte handeln können als mein Opa.

Nicht zufällig aber trete ich mein Erbe in Ostdeutschland an, im geschichts-durchlässigeren Teil Deutschland, im verwundeteren. Leerstellen, Voids, sind hier weniger zu übersehen als im Westen Deutschlands.

6 Auf dem Wasserbett

Daher fahre ich von hier aus, von Magdeburg, mit dem
Zug über Hannover nach Gießen und besteige dort den
roten Regio-Triebwagen nach Nassau an der Lahn.

Die schönen Stellwerk-Hebel in Nassau, die mir als
Kind imponierten, sind längst abmontiert. Im Bahnhof
residiert eine Bäckerei-Kette. Jaroslav Rudiš würde es
selbst bei großem Appetit ablehnen, hier einen Strammen
Max und ein Bier zu sich zu nehmen.

Ich gehe über den Bergnassauer Sattel hinüber nach
Scheuern. Es ist dort viel ruhiger geworden als früher.
Der Altersdurchschnitt der Bewohnerinnen und Bewoh-
ner ist erheblich gestiegen. Dies liegt nicht nur an den
Fortschritten der Medizin. Das vormalige weitgehende
Fehlen der Alten in Rolfs Kinderjahren, *this void so loud*,
dies war schlicht dem Krankenmord geschuldet, in der
nahen Tötungsanstalt Hadamar.

Ich sitze im Wohnzimmer seiner Wohngruppe, beim
Baron. Meistens sitzen dort alle acht Mitbewohnerinnen
und Mitbewohner gemeinsam. Mit einem, mit Willy,
ist Rolf seit 1971 verbunden. Willy lebt als schwerster
Epileptiker immerzu unter einem braunen gepolsterten
Hut, der ihn wie der Komparse eines Box-Champions

aussehen lässt. Dabei ist Willy die Liebe in Person. So wackelig wie er mittlerweile ist, so hurtig hat er jede und jeden, die nicht bei drei auf dem Baum sind, fest im Arm und übergießt sie mit tropisch feuchten Küssen.

Dann gibt es eine alte Tänzerin, die leise lächelnd und freundlich wiehernd auf ihren Zehen um alle Tische herumweht. – Andi und Jutta sind beide leider jung gestorben. Sie saßen in ihren Rollstühlen wie ein junges Paar, immer lachend wie auf Hochzeitsreise.

Alle anderen werden gemeinsam alt. Sie reden nicht mit üblichen Worten miteinander. Sie begrüßen sich nicht, sagen sich nicht abends „Gute Nacht". Rolf hat mich noch nie begrüßt, mich noch nie zum Abschied drücken wollen.

Alles ist immer im reinen Präsens. In einem uhrwerkartig klaren Ablauf beginnen morgens die umfänglichen Verrichtungen von Wecken, Waschen, Anziehen und Frühstücken. An den meisten Werktagen geht Rolf nach wie vor für zwei Stunden ins Haus gegenüber, in die „Tagesförderung". Dort riecht es wohlig nach Lavendel oder nach Limone. Feine Gegenstände und geschmackvolle Drucke hängen an den Wänden, keine Makrameeungeheuer oder Augenanschläge in Form kindischer Plakate.

Rolf selbst bastelt bis heute nicht.

Es gibt ein augenzwinkerndes Ritual zwischen ihm und der Pädagogin: Er legt – dabei genervt aus dem Fenster schauend – drei bis allerhöchstens fünf Ringe auf den Ringstab. Dann gibt's Kaffee, mit Milch natürlich.

Mittags kehrt er zurück. Und es gibt Mittagessen. Einige seiner Mitbewohnerinnen und Mitbewohner sind auf Sonden angewiesen, andere müssen Löffel für Löffel pürierte Kost in den Mund jongliert bekommen. Rolf dagegen isst immer selbst, mit seinem Löffel. Er isst fast alles. Was ihm nicht schmeckt, wird mit aus Kindertagen bekannter Wucht vom Tisch gefegt. Suppe zum Beispiel oder jene unmöglichen Eintöpfe, die es immer samstags gibt. Es verlangt heilerziehungspflegerische Torwart-Sprung-Künste, um dies von Fall zu Fall zu verhindern.

Rolf isst seine Teller leer. Und, besonders im Falle von Salami-Brötchen, greift er in blitzartigem Überfall auf des Nachbars Teller. Was man hat, das hat man. Man weiß ja nie, was noch kommt.

Nun sitze ich in Rolfs Wohnzimmer, nach dem Mittagessen. Der Tisch ist abgewischt, der Fernseher läuft mit SWR 3. Einige liegen zur Mittagsruhe. Die Mitarbeitenden machen in ihrem Dienstzimmer Übergabe. Rolf ist natürlich deutlich älter geworden, wiewohl mitnichten grau, so wie ich. Seine vielen Stürze haben sein Gehen mühsam werden lassen. So wie er aber sitzt, ist es so markant kerzengerade wie seit ehedem.

Seine Forschungen mit den Fingern, mit den Zwischenräumen und der neuen Kinetik sind unvermindert fortgeschritten. Aus seiner linguistisch bedenkenswerten Laut-Forschung, seinem „O-l", ist im Laufe der vergangenen beiden Jahrzehnte eine Grundlagenforschung zum „Mm" geworden. Rolfs Stimme ist vollends im tiefen Bass angekommen. Und mit jenem „Mmh" geht er sprachlich in die Wellen, hebt und senkt und kostet die Gischt aus, fährt durch Täler und Kronen von Sprache und Wasser.

Mittlerweile nennt er einen sehr ausgezeichneten top-modernen Kaffee-Vollautomaten sein eigen. Der steht in der Küche, so dass er ihn immer, vom Wohnzimmer aus, vor Augen hat. Die Mitarbeitenden der Stiftungen

Scheuern haben als ihre wesentlichste Aufgabe, dem Herrn Baron mindestens zweimal täglich eine duftende Tasse Milchkaffee aus dem Vollautomat vor die Nase zu zaubern, zum Frühstück und zur Nachmittagsstunde. Und immer braucht Rolf mehrere Minuten, um genau mit dem Finger oberhalb der Tasse, mitten in den herrlichen Schwaden, zu prüfen, ob der Kaffee den Status der Trinkbarkeit erreicht hat. Seine Finger täuschen ihn nie; nie hat er sich verbrüht.

Nach dieser Verdauungs-Tasse nach dem Mittagessen, also gleich, werde ich mich mit Rolf auf den Weg machen, zum Spaziergang und in die Cafeteria, die „Orgelpfeife". Wir werden über das Gelände gehen. Rolf wird dabei im Rollstuhl sitzen. Denn laufen kann er nur noch wenige Schritte und innerhalb seines Zuhauses. Und wir werden nach wie vor vielen Menschen begegnen. Einige grüßen Rolf, einige uns beide. Einige alte Frauen lassen immer schöne Grüße an „die Frau Mutter ausrichten".

Wir werden auch am Friedhof vorbeigehen, der sich an eine Wiese schmiegt am Berghang. Dort wird Rolf dereinst begraben liegen. Dass er so alt geworden ist, verdankt er den Erfolgen der Medizin und dem unermüdlichen Wirken der Heilerziehungspflegenden.

Meine Eltern übrigens, sie haben stets einen hohen Respekt vor ausnahmslos allen Pflegenden gehabt. Und sie haben dies immer ausgesprochen. Gleich neben Ingenieuren und Finanzbeamten, in der hohen Riege der wirklich Tüchtigen, kam bei ihnen die Pflege zu stehen.

Wir werden bei unserem Spaziergang auch an den großen schwarzgeschieferten Gebäuden aus der Jugendstil-Zeit vorbeikommen. Als Rolf noch selbst zu Fuß war, besuchte er immer die Verwaltung. Er schien das Organigramm der Einrichtung verschluckt zu haben. Denn er ging immer zielsicher zu den Direktoren-Zimmern, zumindest bis zu den großen alten Eichentüren davor. Danach ging er in das Haus gegenüber, um den Arzt zu begrüßen. An Wochenenden war er ungehalten, wenn der Herr Doktor sich nicht nach dem Befinden des Herrn Baron erkundigen wollte.

Auch werden wir, mittendrin und unübersehbar in Scheuern, am Denkmal für die Opfer des Krankenmords vorbeifahren. In Form von großen Stahlplatten steht es da. In diese Stahlplatten sind Briefzeilen, als Negativ, hineingelassen, welche ermordete Bewohnerinnen noch nach Hause, nach Scheuern geschickt hatten. Am Auschwitz-Gedenktag am 27. Januar wird dort eine Andacht gefeiert. Mit Rolf bin ich einmal dort gewesen, bei den Kerzen und beim Vaterunser.

In der Cafeteria wird Rolf natürlich Kaffee trinken und ein Salami-Brötchen zu sich nehmen, ich einen Tee und ein Stück Kuchen. Viele Jahre lang hatte ich Rolf statt Kaffee olle Apfelsaft-Schorle bestellt. Er stieß sie entrüstet zur Seite. Ich hatte einfach nicht mitbekommen, dass sich seit vielen Jahrzehnten antiepileptische Medikamente mit Kaffee gut vertragen, ganz anders als früher.

In der Cafeteria werden wir viele Scheuerner treffen. Die dort ihre drei Flaschen Cola trinken und zwei Sahneschnitten essen, danach ein Würstchen. Manche zumindest.

Andere erzählen.

Andere flirten.

Andere schnorren.

Andere träumen und bohren dabei in der Nase.

Die Neuen samt ihren Familien werde ich wieder sofort erkennen. So wie ich vor 50 Jahren neu war, mit Rolf. Ich erkenne die Neuen auch an unsicheren Bewegungen und Blicken. Ich werde die Belastung sehen und am Rücken spüren.

Allerdings, um ehrlich zu sein: Noch vor 20 Jahren habe auch ich oft geweint, bevor ich nach Scheuern fuhr. Zu viel lastete auf dem Rücken, so sehr ich Rolf immer liebte. Das ist mittlerweile anders, mit dem Weinen. Nicht nur bei Rolf, auch bei mir ist einiges zur Ruhe gekommen.

Ich weiß nicht, ob Rolf mich als Bruder erkennt, auch wenn die Mitarbeitenden der Wohngruppe dies klar bejahen. Rolf hat aber seine klaren Regeln und Abläufe. Dazu zählt es, mir sein Zimmer zu zeigen und sich dort auf sein Bett zu setzen, immer für etwa drei Minuten. Rolf begrüßt mich nicht und verabschiedet mich nicht, aber das Zimmer muss er mir zeigen.

Sein Zimmer teilt Rolf mit Martin, einem feinen Mann, der immer lächelt, sehr weise aussieht, obwohl er den ganzen Tag Fernsehen guckt in seinem Bett.

In Rolfs Zimmer schaue ich immer auf die Fotos von seinen und meinen Eltern, auf eine stilisierte Bahnhofsuhr, die ihm jemand einmal dort aufhängte.

Ich freue mich immer, dass Rolf sein Bett offensichtlich mag. Das große Gitterbett aus Holz steht tagsüber offen. Nachts wird es geschlossen, damit Rolf zur Ruhe kommt. Das ist richterlich abgesichert, weil wir in einem Rechtsstaat leben, wo Menschen wie Rolf nicht einfach mehr hinter Gitterbetten verschwinden.

Mittlerweile schläft Rolf nachts. Das war jahrzehntelang völlig anders.

Oft schrie Rolf nächtelang so laut, dass es im ganzen Haus Rosengarten zu hören war. Diese Zeiten sind vorbei.

Nach den ziemlich genau drei Minuten auf dem Rand des Gitterbettes wird Rolf wieder nach meiner Hand fassen, damit es nun losgehen kann Richtung Cafeteria. Heute aber will Rolf, vor dem Spaziergang und noch vor dem Zimmerzeigen, ein Päuschen machen. Er gibt mir zu verstehen, dass er sich auf dem großen Wasserbett im Wohnzimmer hinlegen will. Gut, warum nicht?

Er legt sich – mittlerweile ein wenig mühsam – in die Waagrechte und streckt sich aus. Dann gibt er mir zu verstehen, ich solle mich neben ihn legen.

Tatsächlich?

Ja, er wiederholt seine Gesten. Er streckt seinen Arm lang, greift fest meine Hand und zieht mich zu sich.

Ich solle mich neben ihn legen?

So übersetze ich. Denn er zieht mich eindeutig neben sich hinunter.

Das hat er noch nie gemacht.

Der große Bruder, er solle sich hinlegen, ausruhen. So übersetze ich.

Ein wenig linkisch und unsicher komme ich seinem Wunsch nach.

Ich lege mich hin, neben ihn aufs Wasserbett. Und strecke meine Beine aus.

Dann dreht sich Rolf auf dem schwankenden Wasserbett zur Seite und schaut mich an. Aug in Aug.

Auch ich schwanke leicht.

So hat er es noch nie gehalten. Angeschaut hat er mich gewiss schon oft. Aber so unverwandt?

Halb aus Rührung, halb aus Aufregung zücke ich mein Smartphon. Und mache Fotos. Ganz direkt und ruhig schaut er in die Kamera. Was normalerweise gar nicht geht. Immer in dem Moment, wo der Auslöser geht, zieht er normalerweise seinen Blick ab.

Heute nicht. Er schaut, ganz unverwandt. Ich mache gleich ein Dutzend Fotos, dann noch ein kleines Video. Er hört gar nicht auf zu schauen.

Dabei lautet er leise. Und er schaut. Und hört gar nicht auf zu schauen.

Das Wasserbett schwankt unaufhörlich. Ganz sacht höre ich das Glucksen des Wassers. Fast will es mir vorkommen, als ob Rolf seinem immer auch ein wenig gestressten älteren Bruder die Botschaft zukommen lassen will: Komm mal runter, Alter!

Fast will es mir auch vorkommen, als hätte er die ganze Angelegenheit mit den Leitz-Ordnern, mit dem Erbe, mit der SS, als hätte er es von ferne mitbekommen. Und vielleicht gibt er jetzt ein Signal: Alles ist gut.

Als auch: Lass es nun gut sein.

Was weiß ich? Was kann ich übersetzen?

Ich bekomme Leonhard Cohens, des großen singenden Hohenpriesters, weises Lied ins Ohr:

Who by fire/ who by water/
Who by trial / Who by great ordeal /
Who in this merry merry month of may
Who is calling?

Nachwort

Der kleine schielende Junge ist jetzt groß und der Baron war auch mal klein. Was ist passiert?

Zwei Brüder erfahren einander – und das Leben! Der eine Bruder, Autor dieses spannenden Buches, sucht und findet die ausgefallensten Formulierungen bei der Erforschung brüderlicher Zweisamkeit, dem anderen Bruder ist diese „Wörtersprache" nicht zugänglich, er bedient sich seiner sehr eigenen, oft als befremdlich empfundenen Ausdrucksweise. Hierfür hat sich die Wissenschaft noch immer nicht von dem Begriff der „geistigen Behinderung" trennen können. Buchautor Hans kann sprechen und schreiben – Bruder Rolf kann beides nicht. – Wie schwer das auszuhalten ist, wenn man sich nicht verständlich machen kann, erlebt Bruder Rolf seit nunmehr fast 60 Jahren jeden Tag, und Bruder Hans gibt diesem Ringen in genialischer Weise und oft mit humorvoller Leichtigkeit eine Wortheimat in und mit diesem Buch.

Wer bist Du, Bruder Mensch? Was verbindet uns außer der gemeinsamen Herkunftsfamilie (die im Übrigen in kurzweiligster Weise mitspielen darf)? Wie, wo, warum suchst Du (wie ich) den Sinn des Tages, Erfüllung

in der Begegnung, das Weitermachen am nächsten Tag –
wofür, was soll's, versteht mich ja keiner – oder doch?

Rolf entdeckt für sich und im wachsenden Zutrauen
zu seinen Mitmenschen, seine oft aggressive Ganzkörper-
sprache aus hopsenden Bewegungen in eine kommuni-
kativere, manchmal gar schalkhafte Lautsprache zu ver-
wandeln. Welch ein Entwicklungsweg vom sogenannt
schwerstbehinderten Kind zu einem vornehmen Herrn.
Ja, er musste sich viel vorgenommen haben, um jetzt da
zu sein, wo er in Gemeinschaft angekommen ist – Gratu-
lation, Herr Baron! Was der Wortbedeutung aus dem Alt-
französischen nach so viel bedeutet wie „Freier Mann".

Dieser Titel wird ihm von Menschen verliehen, die
ihn über einen langen Zeitraum kennen – und schätzen
gelernt haben in Anerkenntnis eines Lebensweges, der
um ein vielfaches schwerer war und ist als wir sogenannte
„normalen" Leser:innen es uns vorstellen können. Ist es
das, was den Reiz des Buches ausmacht: auch etwas Baron
sein zu wollen, frei werden zu können aus der Enge des
Ichs – und die Freude im Wir entdecken zu wollen? Wie
für frühere Barone, war es auch für Rolf harte Arbeit,
diesen Titel zu erwerben, ja vielfach Kampf. Wer sich, wie
dieser besondere Bruder, so auf seine Fähigkeitsentwick-
lung konzentrieren muss, gewinnt und vermittelt Freiheit
und Stärke – Ihr Verdienst, Herr Baron!

Und worin liegt der Verdienst dieses Buches? Aus
Geschwisternähe sich auf eine lebenslange Entdeckerreise
zu begeben! Rolf reist und Hans reist mit. Schon früh
trennen sich die äußeren Lebenswege der beiden Brüder,
bleiben aber durch Besuche eng verbunden. Vielleicht
war das die Chance für den Autor, seine und die brüder-
liche Lebensreise reflektiv zu entdecken. Und in diese

Reflexion nimmt uns Hans Bartosch in offen ehrlicher und verblüffend leicht geschriebener Art und Weise mit. Die extrem unterschiedlichen Lebensbilder, die so entstehen, öffnen bei uns Lesenden die Frage: Was ist mein Lebensbild?

Die beiden Brüder könnten kaum extremer in ihren Lebensentwürfen sein. Rolf ist in seinem Leben „einer Handvoll" Menschen begegnet – Hans hat als Seelsorger hunderte Menschen intensiv in Grenzsituationen begleitet. Er kann lesen, schreiben, sprechen – das kann Bruder Rolf nicht, außerdem kann Hans fühlen, spüren, Menschen aufs Feinste wahrnehmen – das kann Rolf auch – vielleicht sogar mehr. Es ist dem Bruder, Autor und Seelsorger Hans Bartosch gelungen, diesem intrinsischen „mehr" einen Klang zu geben. Gehört es nicht zum Menschheitstraum, die eigene Klangfarbe entdecken und zum Leuchten zu bringen?

Sabine Petersen-Lossen

Sabine Petersen-Lossen lebte lange Zeit in der anthroposophischen Lebensgemeinschaft Münzighof, wo Hans Bartosch seinen Zivildienst geleistet hat. Seit dieser Zeit sind die beiden freundschaftlich verbunden.

Vom selben Autor

Hans Bartosch
Was noch erzählt werden muss
Zeitgeschichte am Krankenbett
1. Auflage 2018, 212 Seiten, Klappenbroschur, € 17,90
ISBN 978-3-95779-086-6

Hans Bartosch hat als Krankenhaus-Pfarrer in Magdeburg über Jahre hinweg aus tausenden von Gesprächen eine Auswahl von berührenden Lebensgeschichten festgehalten. Entstanden ist dabei ein Panorama biographischer Miniaturen, die sich zu einer einzigartigen Chronik zusammenschließen: Hochbetagte Menschen, die die große Flucht 1945 überlebt und dabei Unfassbares mitgemacht haben, aber auch Täter- und Opfer-Geschichten aus dem real existierenden Sozialismus, vom ehemaligen Grenzsoldaten bis zur verfolgten Christin, und nicht zuletzt Impressionen der Wendejahre. Mit authentischer Erzählkraft hebt Bartosch aus diesen Schicksalen allgemein menschlich Gültiges hervor. Es sind Geschichten von Leben und Tod, von Hoffnung und Glauben und von einer Lebensweisheit, die bisweilen selbst dem pastoralen Profi und auch dem Leser die Tränen in die Augen treibt.

www.info3.de

Bücher aus dem Info3 Verlag

Eine Auswahl

Robert O. Fisch
Licht vom Gelben Stern
Funken der Menschlichkeit in der Zeit des Holocaust
Mit 27 Bildern des Autors.
Aus dem Amerikanischen übersetzt von Anne Weise.
1. Auflage 2016, Broschur, 72 Seiten 21 x 21 cm
ISBN 978-3-95779-047-7

János Darvas
Auf allen deinen Wegen, erkenne Ihn!
Eine Begegnung von jüdischer Esoterik
und Anthroposophie
1. Auflage 2023, 158 Seiten, Klappenbroschur
ISBN 978-3-95779-180-1

Barbara Oehl-Jaschkowitz
Manche Angst in Zuversicht verwandelt
Eltern von Kindern mit Behinderung erzählen
Mit Fotografien von Charlotte Fischer
1. Auflage 2015, 136 Seiten, Klappenbroschur
ISBN 978-3-95779-028-6

Renate Riemeck
Rosalia und ihre Nachfahren
Ostdeutsche Vergangenheit in Lebensbildern
1. Auflage 1997, 144 Seiten, gebunden
ISBN 978-3-932386-03-9

Alle Titel unter www.info3.de

 **INFO3** VERLAG

Info3 Verlag
Kirchgartenstr. 1, 60439 Frankfurt
Tel. 069-58 46 47
E-Mail: vertrieb@info3.de
www.info3.de